듣는 마음

듣는 마음

· 영혼의 친구들과 영성지도자들을 위한 경청 훈련 ·

이대섭 지음

추천의 글

영성지도(spiritual direction)는 하나님과의 친밀한 관계를 형성하는 데 도움이 되는 일대일 또는 소그룹 대화이다. 영성지도는 목회자, 영적인 아버지, 영적인 어머니, 영적 동반자, 영혼의 친구, 기도의 친구 등의 이름으로 기독교 영성의 역사 가운데 늘 있어 왔지만, 현대 기독교인들의 영적 성숙을 위해 새롭게 자리매김되고 있는 공식화된 사역 중 하나이다. 1990년대 후반부터 한국인 영성지도자들의 노력으로 한국 교회에도 그 중요성이 점차 알려지고 있다. 저자인 이대섭 목사는 영성지도자로서 오랜 경험을 지니고 있으며, 신뢰할 수 있는 한국인 영성지도 수퍼바이저 중 한 명이다. 미국과 한국을 오가며 쌓은 영성지도 경험을 바탕으로 다문화 영성지도가 가능한 점은 저자의 강점이다.

이대섭 목사의 『듣는 마음』은 영성지도가 무엇인지를 본격적으로 소개하는 책이다. 영성지도를 소개하는 번역서는 많고 여러 한국인 저자의 글을 모은 책은 있지만, 한국인 영성지도자가 영성지도에 관한 책을 단권으로 출판한 것은 처음이다.

『듣는 마음』은 영성지도 대화의 핵심적인 요소들을 설명하고 있다. 관상적 경청과 현존, 질문의 종류와 효과, 내면에서 들려오는 소리를 들으며 자신의 정체성을 확립하고 하나님의 음성을 듣는 법, 그리고 상담 및 코칭 사역과 영성지도의 차이점에 이르기까지. 이 책의 장점은 무엇보다도 저자가 직접 경험한 영성지도 대화의 풍부한 사례들이다. 기존 영성지도 관련 번역서에 담긴 사례들은 번역의 한계를 여실히 보여 주고 있는 반면, 『듣는 마음』에 담긴 사례들은 대화에서 주고받은 정서와 분위기를 잘 전달하고 있다.

『듣는 마음』은 영성지도에 관하여 처음 듣고 호기심에서 책을 펼치는 독자들도 쉽게 이해할 수 있으며, 초보 영성지도자들에게는 실제적인 도움이 되고, 경험이 많은 영성지도자와 수퍼바이저들에게도 섬세한 팁을 제공한다. 이 책이 영성지도에 관심이 있는 모든 분들에게 큰 도움이 되고, 한국 교회의 영성지도 사역에 크게 기여할 것을 확신한다.

이강학(횃불트리니티 신학대학원대학교 교수, 실천신학/기독교 영성학)

추천의 글

　영성지도는 새로 만든 것도 최근에 누가 창조한 것도 아니다. 실은 기독교의 오래된 전통에서 나온 것이다. 역사적으로 4세기경 기독교가 공식적으로 로마의 국교로 인정되면서 종교의 자유가 이루어졌지만 영적으로는 점점 황폐해졌다. 그때 영적으로 목마른 이들이 영적 성숙을 위해 사막으로 갔으며, 사막의 교부들과 교모들을 찾아가 영성지도를 받았다고 한다.

　오늘날도 비슷한 현상이 생기고 있다. 컴퓨터와 인공지능 등 놀랄 만한 테크놀로지의 발전과 함께, 사람들은 더욱더 영적으로 목말라하고 있다. 70년대 중반쯤 특히 서방의 기독교인들이 더 깊은 기도를 하기 위해 침묵기도, 메디테이션을 가르치는 동양의 불교, 이슬람교, 그리고 힌두교로 영적 여정을 떠나는 현상이 생겼다. 기독교의 교회와 기도원은 문을 닫기 시작하고, 불교 및 동양 종교의 사찰과 수도원은 계속 성장하고 있는 추세이다. 재미있는 것은 현재 침묵기도, 메디테이션, 관상(컨템플레이션)에 대한 관심과 연구와 경험이 교회 밖에서 마치 폭풍우처럼 활발하게 불어닥치고 있다는 사실이다. 그런데 많은 교회들은 교리 안에서 잠자고 있다. 그래서 많은 이들이 영적으로 목마르다.

필자가 캘리포니아 미연합감리교회에서 백인들을 대상으로 목회하는 동안 많은 이웃들이 "나는 영성을 추구하지만, 종교적이지는 않습니다. I am spiritual, but not religious."라고 했다. 그들은 우리 교회의 센터링 침묵기도 그룹에 와서 함께 기도했지만, 교회의 예배나 성경 공부에 참여하지는 않았다. 필자가 인도하는 센터링 침묵기도에는 우리 교회 교인들보다 비기독교인들이 더 많이 참석하는 기현상이 있었다. 지역 감리사에게 이와 같은 목회적 현상을 보고했을 때, 주일 예배에 오지 않지만 그들도 교인들이라면서 감리사는 칭찬을 아끼지 않았다. 사실 그들은 헌금도 하고 교회 수리 및 청소 혹은 다른 여러 행사에 와서 교회를 응원해 주었다. 이와 비슷하게 한국 교회에서는 '가나안 교인(교회 안 나가는 교인)'들이 나타나고 있다.

이제는 목회적 돌봄의 형태가 바뀌어야 한다는 자성의 목소리가 심각하다. 이에 부응하여 미국의 많은 신학교들은 목회적 돌봄(pastoral care)을 영적 돌봄(spiritual care)으로 바꾸어 가고 있으며, 영성지도자 자격증(spiritual direction certificate) 프로그램을 만들어 가는 추세다. 그러나 대부분의 개신교 지도자들과 교인들에게 영성지도는 여전히 낯설다. 다시 이 전통을 살려 내는 것이 이 시대에 요구되는 또 하나의 성령 운동이라고 필자는 믿고 있다.

영성지도는 피지도자가 하나님의 움직임을 알아차리고, 자신을 향한 하나님의 메시지를 명료화하고 거기에 바르게 응답하며, 계속해서 하나님과의 교제를 심화하고 성숙하도록 돕는 영적 돌봄이다. 영성지도에는 공식적인 방법(formal, 일대일의 형식, 그룹 형식)과 비공식적인 방법(casual, 비공식적 형태)이 있다.

이대섭 교수는 일대일 형식의 영성지도에 초점을 두면서 독자들이 영성지도를 이해하고 실행할 수 있도록 자신의 경험을 기반으로 이 책을 쓰고 있다. 그래서 실제적인 것들을 많이 배울 수 있어서 무척 기쁘다. 이 교수는 "영성지도의 핵심은 피지도자가 직접 하나님과의 깊은 관계를 가지고, 그 관계를 통해서 자신이 하나님 안에서 누구인지를 알게 되고, 하나님과 더욱더 깊은 일치를 이루며, 하나님의 뜻대로 살아갈 수 있는 은혜와 힘을 얻는 것이다. 이를 위해서 영성지도자는 판단과 분별없이 피지도자를 있는 그대로 보고 공감하며 하나님께서 직접 피지도자를 안내하실 수 있도록 '관상적 경청'의 기술, 즉 '듣는 마음'을 통해서 반응하며 함께 있어 주는 것이 중요하다."고 강조한다. 또한 영성지도의 주요 과제인 관상적 경청을 하기 위해서는 침묵(컨템플레이션)으로 들어가 하나님과 교제하는 침묵기도의 수련이 필수적이라고 주장한다. 바로 이 수련을 통해서 하나님께서 직접 일하실 수 있는 공간을 내어 드리는 것에 민감할 수 있다고, 영성지도에서 이 공간을 만드는 것이 무엇보다 중요하고 그것이 영성지도의 비밀이라고 말한다. 영성지도자는 돕는 이(helper)가 되려는 유혹에서 벗어나 성령과 피지도자 사이에서 단순히 증인(witness)이 되어야 하는데, 깊은 침묵기도의 수련을 통해 그 일이 가능하다는 것이다.

또한 이 교수는 수퍼비전 사례들을 통해서 영성지도자들이 범할 수 있는 실수 등을 언급하며 그것에 대해 쉽고 자세히 설명하는데, 이는 영성지도자들이 자신의 영성지도에 적용할 수 있는 귀한 교훈을 담고 있는 부분이다.

필자는 이 교수가 자신의 경험 속에서 나온 생생한 영성지도의 스토리와 진솔한 자신의 내면의 모습이 담긴 소중한 자료를 공개해 준 것에 대해 고마움을 느낀다. 그리고 영성지도에 관심이 있는 분들이라면 언제든지 필요할 때마다 다시 참고할 수 있는 소중한 책이라고 생각하기에 이 책을 강력히 추천한다.

권희순(전 감리교신학대학교 기독교 영성학 교수)

추천의 글

이 책 제목인 『듣는 마음』은 오늘날 갈등과 소외의 현장에서 꼭 필요한 인간 덕목이다. 현대인들은 모든 것이 지나치게 분리되고 분화되어 가는 사회 속에서 갈등과 소외를 겪으며 이러한 처방을 찾고 있다. 올바로 듣는 법도 모르고 그럴 마음도 가지지 못한 데서 우리는 바로 곁에 있는 존재뿐만이 아니라 내 속에 있는 나 자신에게조차 이방인이 되어 있곤 한다. 가까워지고자 노력해도 갈등과 번민으로 스스로 포기하기가 일쑤다. 내가 만난 특별한 처방, 영성지도는 한 사람에게 그 존재의 깊은 곳까지 함께 내려가 진실로 공감하며 들어 주어 영혼의 잃어버린 길을 찾도록 돕는다. 나는 이 경청의 관계 안에서 내 안에 아우성치고 있던 참자아를 들을 기회를 얻었고 끊어져 가던 관계를 회복했고 가장 나다운 삶의 반응과 선택을 찾아 다시금 삶으로 돌아올 수 있었다. 이 일은 여러 모양으로 신비일지라도 인간 편에서 할 수 있는 한 가지 노력이 있다. 곧 이 책에서 말하고 있는 듣기, '관상적 경청(contemplative listening)'이다.

『듣는 마음』은 관상적 경청이 무엇인지 피부에 와닿도록 가르쳐 줄 뿐만 아니라 실생활의 순간순간에 시도해 보고 싶은 마음을 갖게 한다. 저자는 누구보다도 오랜 기간 사람의 마음을 듣고자 노력해 온 만큼 그 경험의 폭과 깊이가 넓고 깊다. 놀랍게도 그러한 저자 자신의 경험 깊이가 언어를 사용하는 사람이라면 누구나 쉽게 접근할 수 있는 평범한 언어들 속에 녹아 있다. 그는 경청에 대한 이론적 이해뿐 아니라 자신의 실제 경험과 구체적 사례들을 거리낌 없이 나누고 있다. 진솔한 자기 경험으로부터 시작해서 전문적 개념으로서의 현존과 관상적 대화의 기술(art)을 거쳐 다양한 경청 현장과의 비교를 통해 경청을 설명한다. 그래서 이 책은 경청에 대한 이해가 전혀 없는 사람이라도 그 흐름을 쉽게 따라가며 자신과 다른 사람과의 관계에서 일어나는 대화를 떠올려 점검해 볼 수 있고 또 새롭게 시도해 보고자 하는 마음을 불러일으킨다.

무엇보다도 『듣는 마음』은 영성지도자를 길러 내는 이들 중 한 사람으로서 나 자신이 오랫동안 기다려 온 책이다. 영성지도를 영성지도로 만들어 주는 것이 관상적 경청임에도 불구하고 이제까지는 이러한 경청을 구체적으로 정리한 책을 만날 수 없었다. 물론 이미 나와 있는 영성지도에 관한 책들과 '경청'에 관한 책들도 훌륭하지만, 대부분이 이론적인 데 초점을 두고 있어서 실천을 염두에 두는 이들을 생각하는 입장에서는 늘 아쉬움을 떨칠 수 없었다. 그래서 영성지도자들에게 그 절대적 중요성에도 불구하고 현장에서 이 기술(art)은 거의 구술에서 구술로 전해지고 있다. 이런 상황에서 이 책은 영성지도자들에게 쉽게 다가갈 수 있는 전문적 듣기의 올바른 첫 문을 열어 줄 것이라 확신한다.

나아가서 『듣는 마음』은 제대로 된 경청이 필요한 다양한 배경의 독자들에게 쉽게 다가가 경청의 마음을 불러일으키는 생수가 될 것이다. 이 책을 영성지도 수련생들과 영성지도에 관심 있는 심리상담가나 목회자들, 그리고 관계에 갈등이나 어려움을 경험하며 유익한 통찰이나 조언을 구하고 있는 모든 분에게 매우 기쁘게 추천한다.

박신향(영성·상담센터 에이레네 원장, 호남신학대학교 영성지도 교수)

프롤로그

　이 책은 하나님의 마음으로 상대방의 이야기를 경청하는 방법을 안내한다. 또한 상대방이 하나님을 만나 자아를 발견하고 하나님의 뜻을 따라 선택하면서 살아갈 수 있도록 안전한 공간을 제공하는 방법을 구체적인 사례와 함께 설명한다.

　미국으로 유학 와서 처음에 적응이 어려웠을 때 영성지도를 받았다. 누군가 나와 함께하면서 내 이야기를 귀 기울여 들어 주는 것만으로도 마음이 가벼워졌다. 목회를 하면서 마치 사막을 걷는 것처럼 힘겨운 시간이 있었다. 그때 묵묵히 옆에서 내 이야기를 들어 주면서 동반해 주었던 분들이 있었다. 교회 사역을 그만두고 하나님의 부르심을 따라 신학대학원으로 새로운 걸음을 내디딜 때, 나의 내면 깊은 곳에서 올라오는 하나님의 음성을 듣고 따를 수 있도록 도와주었던 경청그룹이 있었다. 조건 없는 하나님의 사랑의 마음으로 나를 바라보고 나의 이야기를 들어 주었던 '듣는 마음'을 가진 사람들이 있었기에 나는 더욱더 성장하며 온전해질 수 있었다. 지금도 일상의 작은 일들 속에 함께하시는 하나님의 임재와 그분의 일하심을 명료하게 알아들을 수 있도록 내게 귀 기울여 주는 사람들과 그룹 덕분에 나는 그분과의 동행에 깊이를 더해 가고 있다.

이렇게 영성지도의 여정은 나 자신을 깊이 이해하고 하나님과 더 깊은 관계를 가질 수 있도록 방향을 제시해 주었다. 이런 경험과 더불어, 샌프란시스코 신학대학원(SFTS) 영성지도자 양성 프로그램에서 그룹 리더와 강사와 수퍼바이저로 섬기며 얻은 경험을 바탕으로 이 책을 쓰게 되었다. 한국에서는 이미 영성지도에 대한 다양한 이론적인 책들이 소개되고 있는데, 구체적으로 영성지도와 경청을 어떻게 하는지 실제 예시를 보면서 배울 수 있다면 유익하겠다는 생각이 들었다. 20여 년간의 영성지도 경험을 바탕으로 쓰여진 이 책은 영성지도를 배우는 사람뿐만 아니라 영적 리더십을 갖고 섬기는 상담이나 코칭을 하시는 분들, 그리고 개인적으로 좀 더 깨어서 듣는 마음으로 경청하며 영혼을 더 깊이 사랑하고 싶어하는 모든 분들에게 실용적인 도움을 제공할 것이다.

영성지도란 피지도자가 하나님과의 깊은 관계를 통해 하나님 안에서 자신이 누구인지를 알고, 하나님과 더욱더 깊은 일치를 이루면서 하나님의 뜻대로 살아갈 수 있는 은혜와 힘을 얻는 시간이다. 영성지도*의 핵심은 영성지도자가 피지도자를 있는 그대로 받아들이고, 하나님께서 직접 안내하실 수 있도록 관상적 경청의 마음으로 함께하는 것이다. 이 책은 듣는 마음을 통해서 영성지도가 어떻게 이루어지는지 보여 주며, 영성지도를 쉽게 이해하고 습득할 수 있도록 다양한 사례

---

* 영성지도(spiritual direction)는 영적지도, 영적 안내, 또는 영적 동반으로도 불린다. 영성지도자(spiritual director)는 영혼의 친구 또는 영적 동반가로, 피지도자(directee)는 영적 동반자로 불리기도 한다.

를 제시한다.

이 책의 구성은 다음과 같다. 첫 번째 장에서는 나의 개인적인 이야기를 통해, '듣는 마음'이 일상생활에서 어떻게 적용될 수 있는지와 그것이 어떤 유익을 주는지를 다룬다. 또한 영성지도와 수퍼비전을 받으면서 경험하는 나의 변화와 성장에 대해서도 소개한다.

두 번째 장에서는 솔로몬 이야기를 통해 '듣는 마음'이 무엇이고 왜 중요한지에 대해 알아보며, 관상적 경청과의 연관성도 살펴본다. 또한 관상적 경청의 의미와 관상적 반응 방법을 실제 사례와 함께 자세히 설명한다.

세 번째 장에서는 피지도자의 입장에서 관상적 경청을 어떻게 경험하는지, 이를 통해 하나님의 음성을 듣고 하나님 안에서 자신의 정체성을 발견하며 하나님과 가까워지는 과정을 소개한다. 또한 영성지도자로서의 적절한 반응과 안내에 대한 예시를 통해 독자들이 영성지도가 무엇인지 좀 더 명료하게 이해할 수 있도록 돕는다.

네 번째 장에서는 목회, 상담, 코칭과 같은 다른 '듣는 사역'들과 영성지도의 공통점과 차이점을 설명하고, 향후 이 사역들을 통합적으로 활용할 수 있는 여지를 제시한다.

마지막 장에서는 수퍼비전에 대해 다룬다. 영성지도를 안내하는 과정에서 발생할 수 있는 다양한 상황들을 통해 영성지도자가 자기 내면을 더 잘 알아차리고, 그 과정에서 어떻게 자유를 경험해 나가는지를 보여 준다.

　이 책은 듣는 마음에서 나오는 경청의 본질과 구체적인 반응 방법에 대해 이야기한다. 이론만으로는 알 수 없는, 하나님의 마음으로 경청하고 영성지도하는 실제 분위기를 전달하려고 애썼다. 여기 나오는 이야기를 통해 독자들이 경청에 대한 열망을 갖게 될 뿐만 아니라 자신의 깊은 자아를 만날 수 있기를 기대한다. 또한 관상적 경청 수련을 통해 하나님께 더 가까이 다가갈 수 있기를 소망하며, 다른 사람들의 이야기를 경청하는 과정에서 하나님을 깊이 경험하기를 기도한다. 이러한 경청의 예술은 이해와 실습이 동시에 필요하다. 마치 새로운 악기나 운동을 배우는 것처럼. 이 책을 읽고 실천하는 모든 독자들이 하나님의 마음을 가지고 효과적으로 경청하는 귀한 통로로 성장하기를 축복한다.

목차

추천의 글 5
프롤로그 14

I 나의 이야기

1. 왜 그래? 마음속에 뭐가 있어? 22
2. 마음의 공간에서 함께 만나는 기쁨 28
3. 딸들의 갈등을 중재하다 34
4. 내가 원하는 방식대로 되지 않아도 하나님을 신뢰하는가? 39
5. 온전한 사람은 그 자신이 이미 온전한 세상이다 44
6. 마무리하며 50

II 관상적 경청, 기술을 넘어선 예술

1. 솔로몬이 구한 한 가지, 듣는 마음 54
2. 관상적 경청(contemplative listening)이란? 62
3. 관상적 반응: 소리굽쇠와 공명통이 되어 돌려주는 것 66
4. 당신의 현존(presence)이 좋습니다 75
5. 나의 현존 능력을 키우는 길 82

6. 질문의 힘(1) - 내면의 이야기와 연결　87
7. 질문의 힘(2) - 사회, 문화의 이야기와 연결　95
8. 질문의 힘(3) - 하나님의 이야기와 연결　100
9. 마무리하며　105

III 피지도자의 이야기

1. '어디로 가느냐'보다 '누구와 함께 가느냐'　108
2. "기쁨 없이 사는 것이 인생 아닌가요?"　112
3. 안전한 공간에서 마음껏 속마음을 내보일 때　117
4. 듣고 싶은 하나님의 음성　122
5. 침묵 속에서 만나는 더 깊은 나　126
6. 피지도자 스스로 직접 하나님을 만날 때　132
7. 마무리하며　137

IV 목회적 돌봄, 코칭, 상담에 비춰 본 영성지도

1. 내가 아니라 성령님께서 하시도록 vs 목회적 돌봄　142
2. 결과와 답을 넘어선 하나님 경험 vs 코칭　147
3. 문제만이 아니라 신비에도 함께 머물기 vs 상담(1)　152
4. 따로가 아닌 함께 부르시는 하나님 vs 상담(2)　157
5. 마무리하며　162

V. 영성지도자의 이야기

1. 에고(ego)끼리 줄다리기할 때   166
2. 내면의 가장 큰 움직임과 함께하기   171
3. '내 안에 무엇이 있을까?' 알아차리기   175
4. '내 사랑하는 자'라는 정체성으로 함께하기   179
5. 두려움에서 해방이 되는 만큼   183
6. 마무리하며   187

에필로그   189

감사의 글   195

부록: 영성지도 주요 참고 도서   198
      국내외 개신교 영성지도 관련 기관   199
      관상적 경청 과정   200

1

나의 이야기

1 왜 그래? 마음속에 뭐가 있어?

"그렇게 늦게까지 안 자고 강의 들으면 반칙 아니야? 원래 8시까지만 듣고 10시에 자기로 해 놓고 10시부터 12시까지 하는 강의를 들으면 나는 어떻게 해?"

나는 방 안에서 이불을 펴면서, 거실 컴퓨터 앞에 앉아 있는 아내에게 짜증 섞인 목소리로 말한다. 아내가 수련회 강의를 더 듣겠다고 해서 그러라고 대답을 했지만, 막상 잠을 자려고 하니 내 안에 불만의 목소리가 올라온 것이다.

"나 내일 글 쓸 것 하나도 준비가 안 되어 있단 말이야. 아침에 일찍 일어나서 해야 되는데, 잠도 일찍 못 자고, 나는 어떻게 하라고."

목소리에 화가 실려 있다. 글 쓸 준비는 안 되어 있지, 다른 모임 일정은 많지, 잠은 당장 못 자겠지, 복잡하고 불안한 마음이 한꺼번에 올라오는 순간, 그 원인을 아내에게 돌려 비난한다.

"그래, 오늘만 강의를 좀 더 듣고 내일부터는 8시까지 할게. 그리고 뒷부분은 안 듣고 일찍 들어올게."

아내가 대답을 한다.

"나 일찍 자게 빨리 와서 이불도 펴야지!"

나도 모르게 퉁명스럽게 내뱉었다. 이불을 펴는 것은 내 몫인데, 잠을 빨리 자야 하니까 네가 와서 나를 도와야 한다는 잘못된 심보가 튀어나온 것이다.

아내가 거실 책상 앞에 앉아 있다가 방으로 들어와서 이불을 편다. 그 모습을 보는 순간 미안함이 든다. 이불을 다 편 후에 아내에게 다가가 꼭 끌어안아 준다.

"강의 잘 들어. 축복해."

고개를 끄덕이며 아내가 거실로 나간 후에, 나는 자리에 누워 내 안에서 왜 이런 반작용(reaction)이 일어났는지 들여다본다. 내일 아침까지 써야 할 글이 준비가 안 된 것이 마음을 가장 무겁게 한다. 그래서 일찍 자고 싶은데, 아내가 밖에서 불을 켜 놓고 있으면 금방 잠들 수 없을 것 같아 걱정이 된다. 이렇게 누워서 말똥말똥 걱정을 하기보다는 일어나서 혹시 그 전에 초안이라도 써 놓은 것이 있는지 찾아 보는 게 낫겠다 싶었다. 여기저기 뒤적이다 한 꼭지를 발견한다. 순간 마음에 환한 불빛이 들어오면서 산란하던 나의 마음이 가라앉는다.

다음 날 아침 내가 먼저 일어나 몸을 풀고 침묵을 하고 말씀 묵상을 한 후에 글쓰기에 들어가려고 하는데, 아내는 아직 일어나지 않는다. 보통 일찍 일어나서 아침에 산책도 하고 운동도 함께하는데 말이다.

그날은 평소와는 달리 아침에 모임이 잡혀 있었다. 모임 전에 글을 조금이라도 쓰려고 책상에 앉았다. 그때 아내가 일어나서 방문을 열고 나온다.

"잘 잤어? 나 모임 전에 조금이라도 글을 써야 해서…. 스무디(smoothy) 갈아서 먹을까?"

부엌으로 가서 어제 담아 놓은 스무디를 갈아서 아내에게 건네준다. 주방에 서서 스무디를 마실 때, 아내가 묻는다.

"당신 마음이 어때?"

아무렇지도 않다는 듯이 나는 대답한다.

"나? 괜찮아. 모임이 8시인 줄 알았더니 글쎄 9시더라고. 그래서 글을 좀 써 놓고 들어가려고…."

"어제 일 괜찮아? 미안하지 않아?"

아내는 작은 것이라도 마음에 걸려 있으면 그냥 넘어가는 법이 없다. 마음에 있는 것을 표현하고 매듭을 짓고 넘어간다. 비스듬하게 주방 싱크대에 기대어 스무디를 마시던 나는 자세를 고쳐 잡고 아내의 말에 귀 기울인다.

"내가 당신 사정을 듣고 나서 알았다고, 당신이 말한 대로 강의 앞부분만 듣고 들어가겠다고 말했잖아. 그런데 왜 그 후에 나한테 짜증을 내? 그리고 이불을 펴 달라고 부탁하는 게 아니라 강요했잖아. 그 말을 안 들으면 계속 화를 낼 것 같아서 두려운 마음으로 이불을 폈어. 그러니 그건 부탁이 아니라 강요야. 원래 이불 펴는 것은 당신 일인데 왜 나한테 강요해?"

아내의 말을 듣는 순간 얼굴이 화끈거리고 민망한 마음이 든다. 이런 순간일수록 어색한 웃음으로 얼버무리거나 변명을 늘어놓는 것이 아니라 듣는 마음으로 함께하는 것이 중요하다. 내가 요약을 한다.
"그러니까 두 가지네. 내가 부탁한 대로 한다고 했는데도 화를 낸 것, 그리고 이불 펴는 것은 내 일인데 펴라고 강요를 한 것. 그 말을 들으니 무안해지고 미안한 마음이 올라오네. 미안해!"

그리고 다시 한번 아내를 안아 준다. 그 포옹 속에 담긴 사과의 마음이 아내의 마음을 풀리게 한다. 그래서 다시금 서로의 마음과 마음이 연결된다.

하루 일정을 마치고 저녁이 되어서 아내와 둘이 앉아 정식으로 이야기를 한다. 아내는 내가 왜 그렇게 반응을 했는지, 그리고 어제 저녁만이 아니라 오늘 낮에도 별로 안정된 느낌이 들지 않고 대화가 툭툭 튕겨져 나오는 느낌이었다면서 궁금해한다.

"왜 그래? 마음속에 뭐가 있어?"
그 질문이 나를 돌아보게 한다.

'어제와 오늘 뭔가 안정되지 않고 초조한 마음이 드는 것이 무엇 때문일까?'

먼저는 이 귀중한 여름 휴가 한 달 동안 매일 글을 한 꼭지씩 쓰기로 한 나 자신과의 약속이 떠올랐다. 지난 한 주 매일 한 편씩 글을 쓰면서도, 해야 할 많은 일들을 함께 처리해야 했기에 숨이 찼다. 그리고 이번 여름에 글을 쓰는 데 집중을 하겠다고 말은 하면서도, 다양한 연락이나 모임이 있으면 슬그머니 그것을 허용하고 있는 내 모습을 본다. 오늘도 모임이 두 개, 내일도 만남이 세 개나 있으니, 글을 쓰는 데 집중을 못할 수밖에. 순간 너무 버거운 짐을 진 상태에서 지내고 있음을 알아차리게 된다. 해야 할 것들을 하지 못한 채 무겁고 불안정한 상태에 있으니, 건강한 반응이 나올 수 없는 것이다.

아내와 대화를 하면서 내 안에서 일어나는 화가 나에게 무엇을 말해 주고 있는지 좀 더 세밀하게 알게 되는 데서 오는 개운함이 있다. 아내 또한 영성지도자로 일하고 있기 때문에 이런 상황에서는 더 잘 들어 주고 내 마음을 거울과 같이 비춰 주면서 나 스스로 원인을 찾을 수 있도록 도와준다.

화가 나지 않는 삶을 사는 것이 중요한 것이 아니라, 화가 날 때 그것을 어떻게 잘 맞이하고 듣고 반응하느냐가 더 중요하다. 화는 채워지지 못한 나의 필요와 욕구가 있다는 것을 알려 주는 신호이기 때문이다. 그러기에 화의 원인을 남에게 돌리기보다는 나 자신을 보는 게

기로 삼는 것이 중요하다. 화 덕분에 나는 계획한 대로 글을 쓰지 못한 채 벅찬 짐을 지고 끌려가고 있는 나의 모습을 발견했다. 그래서 원래 마음먹었던 소중한 글쓰기 시간을 확보하고, 더 깊은 관상의 세계로 들어가서 거기에서 나오는 진리를 발견해 써 나가는 시간을 회복하라는 것이 내 안의 화가 주는 메시지였다.

이렇게 화의 반응을 통해서 나 자신을 돌아볼 때, 어디에서부터 무엇이 빗나갔는지를 알게 되고, 다시금 방향을 수정할 수 있게 된다. 혼자서는 잘 보이지 않지만, 누군가 나의 마음을 물어 주고 들어 주고 나 스스로 깨달을 수 있도록 함께해 줄 때 온전하게 볼 수 있게 된다.

부부 중 어느 한쪽이 제대로 서 있지 못할 때, 혹은 어느 한쪽이 불만이 있을 때, 다른 한쪽이 듣는 마음으로 함께하면서 마음을 잘 나눌 수 있다는 것은 큰 복이다. 지금까지 내가 크게 빗나가지 않고 제대로 걸어갈 수 있도록 늘 함께해 주는 마음의 동반자요 도반인 아내가 있어서 여기까지 올 수 있었다. 그런 복을 누리고 있음에 감사할 뿐이다.

2. 마음의 공간에서 함께 만나는 기쁨

어제는 영성수련을 안내하는 데 필요한 한국어 전자책을 구입하려고 한국 대형 서점 웹 사이트에 들어갔다. 힘들게 계정을 만들어서 책을 구입하려고 하는 순간 본인 증명을 하라고 한다. 전화번호도 없고 아이핀(I-Pin) 인증을 하는 것도 어려워서 순간 난감했다.

'이거 내일까지는 구입해야 하는데 어떻게 하지?'

곧바로 아내에게 향한다.

"여보, 책 사는데 본인 인증에 걸려서 더 이상 나갈 수 없네. 어쩌지?"

아내가 바로 답을 한다.

"그래? 내가 한국에 갔을 때 하나 만들어 놓은 계정이 있는데…."

듣던 중 반가운 소리이다.

"그럼 그걸로 책 사는 것 좀 도와줄 수 있어?"

아내는 할 일들이 있음에도 곧바로 내 컴퓨터 책상으로 와서 앉는다. 필요한 책을 클릭해서 신용 카드로 지불하려는 순간, 실패로 나온다. 당황이 된다.

'이것마저 안 되면 큰일인데, 어쩌지? 미국과 연결을 해 주는 다른 서점은 이 책들이 절판이라고 나오던데….'

몇 번을 더 해도 계속 실패로 나온다.

'이것도 안 되려나 보다.'

걱정하는 마음이 올라온다. 그러자 아내가 이번에는 다른 신용 카드를 넣어 본다. 이번에는 지불이 승인된 것으로 나온다. 순간 많이 반가웠다. 그렇게 책을 구입을 하기까지 꽤나 시간이 걸렸다. 사실 전자책 구입도 처음이고 해외에서 이용하는 거라 과정이 좀 복잡했다. 중간에 포기를 하고 '한국에 있는 다른 사람들에게 부탁을 해야 하나.' 이런 생각을 하기도 했다. 하지만 아내는 컴퓨터에서 눈을 떼지 않고 집중을 하고 있다. 그 순간 이렇게 귀찮은 일을 싫은 내색도 없이 자기 일처럼 하고 있는 아내의 모습이 다르게 보인다.

"당신이 이렇게 도와주는 것을 보니까, 진짜 사랑으로 한다는 것을 알겠네."

그러자 아내가 대답한다.

"몰랐어? 나는 처음부터 지금까지 쭉 이렇게 해 왔어."

"음, 그러면 당신이 변한 것이 아니라 내가 변한 것이네. 이제야 당신을 알아볼 수 있는 내 눈이 열린 것이네."

그러면서 함께 웃었다. 지금까지 나는 아내가 이런저런 자질구레한 일을 하는 것을 당연하게 여겨 왔다. 책임감 때문에 하는 거라 생각했을 뿐 사랑의 마음으로 섬기는 것임을 알지 못했다. 나 같으면 중간에 포기하고 다른 방법을 찾을 만도 한데 끝까지 해내는 모습을 보면서 고마웠다. 아내의 마음을 느낄 수 있게 된 것이다.

너무 바빠서 내 일에만 집중할 때는 알지 못했던 아내의 마음! 이제야 조금씩 그걸 알아차릴 수 있는 마음의 공간이 내게 생기는 것을 본다. 그 공간에서 서로의 마음과 마음이 만났다. 예전 같으면 당연하게 생각했을 아내의 도움에 대해 그 마음을 알아주고 고마움을 표현하니, 아내 또한 활짝 웃는다. 그 모습에서 어린아이와 같은 순진한 모습을 또 한 번 본다. 다른 사람을 도와주면서 즐거워하는 모습을, 그 마음을 알아줄 때 기뻐하는 모습을 말이다. 그렇게 마음과 마음을 만나 가는 기쁨을 누릴 수 있음에 감사하다.

아내의 이야기를 영성지도에서 나누면서 내 눈가에 눈물이 맺힌다. 나의 영성지도자인 샌드라(Sandra)는 그 눈물이 그리스도의 현존을 드러내는 생수(living water)라고 되돌려 준다. 그렇다. 그 눈물은 바로 그리스도께서 나를 통해서 흘리시는 눈물이다. 아내 마음 깊은 곳에 있는 사랑을 이제야 알아보는 데서 나오는 감동의 눈물이다. 또한 이렇게 아내의 마음을 잘 알아차리고 고백해 나가는 삶을 살 때 내 안에서 흘러나오는 생수를 마시게 될 것이라고 그리스도께서 나에게 알려 주시는 눈물이다. 이런 삶을 살아가는 것이 바로 나의 참자아(true self)를 경험하며 사는 것이다.

이런 깨달음과 변화를 경험하는 것이 너무 좋아서, 샌드라에게 묻는다.

"어떻게 하면 계속 이런 상태에서 살 수 있을까요?"

그러자 샌드라가 말한다.

"네가 뭔가 일어나게 하려고 해서 이런 깨달음이 일어난 것이 아니라, 이미 네 안에서 일어나고 있는 일에 그저 반응을 한 것이 아니니?"

그렇다. 나의 작은 에고(ego)는 이런 좋은 경험을 하면 계속 거기에 집착해서 반복하고 싶어한다. 그러나 나의 참자아는 내 안에 계신 그리스도께서 나에게 알려 주실 때마다 그것을 잘 알아차리고 자연스럽게 거기에 따른 반응을 해 나간다. 그래서 새로운 선택의 패턴이 자연스럽게 나올 수 있도록 길을 열어 놓는다. 그렇게 내 안에서 일하시는 하나님의 음성을 잘 듣고 선택해 나가기만 하면 된다. 인위적으로 나의 욕심에 따라 뭔가를 만들어 내려고 하는 것이 아니라 이미 나와 함께하며 일하고 계시는 하나님의 움직이심에 동참해 나가는 삶, 그것이 바로 그리스도께서 내 안에 사시도록 하는 것이다.

이런 삶을 살기 위해서 가장 중요한 것이 있다면, 내 마음에 공간을 마련하는 것이다. 그 공간에서 일어나는 나의 생각, 느낌, 열망, 그리고 알아차린 것들을 분별하는 시간을 갖는 것이다. 즉, 내면의 소리를 잘 듣고 거기에 맞는 선택을 하는 것이다. 영성지도를 마치고, 저녁에 아내를 위해서 내 마음의 공간을 만들고 하나님의 뜻을 물었다.

"하나님, 아내를 위한 당신의 기도는 무엇입니까? 아내를 위해 제가 어떤 기도를 하기 원하시나요? 당신의 기도가 응답되는 것을 막는 제 안의 장애물은 뭔가요? 제가 구체적으로 아내에게 어떤 말과 행동을 하기 원하시나요?"

한참을 침묵 속에서 기다리고 있을 때, 하나님께서는 "내가 너의 아내를 돌보고 있다."고 말씀하시는 것 같았다. 하나님께서 아내를 품에 안으시고 소중한 어린아이를 다루듯 돌보고 계시는 이미지가 떠올랐다. 하나님께서 아내를 이렇게 돌보고 계시다면, 그것이 나의 마음이어야 함을 깨닫게 되었다.

나는 지금까지 아내를 하나님께서 돌보시듯 돌봐야 한다는 생각을 해 본 적이 없다. 아내를 돌봄의 대상으로 보기보다는 영적 여정을 함께하는 친구요, 나를 돕고 지지하는 사람으로 생각했다. 그 '관점'이 바로 나의 장애물이었다. 그런 나의 관점이 바뀌고 확장되자 구체적으로 아내의 필요를 묻게 되었다. 아내는 아주 작은 것들을 얘기했다. 자기 전에 이불을 펴는 것, 아침에 일어났을 때 물 한 컵 떠다 주는 것, 식사 후에 설거지하는 것, 장 보러 갈 때 같이 가는 것, 아내가 집에 들어올 때 왔느냐고 얼굴을 내보이는 것 등. 평소에 해 왔던 말들이다. 그러나 지금까지 잘 들리지 않았고 이런저런 핑계를 대며 소홀히 했다. 이제는 모든 것을 내려놓고 곧바로 행하는 훈련을 시작하게 되었다. 그러자 아내가 정말로 어린아이같이 좋아한다.

'아, 아내도 이런 모습이 있구나. 작은 일들에 저렇게 감동하고 좋아

하다니….'
 순간 미안한 마음이 들고, 애틋해졌다.

 영성지도와 기도를 통해서 내 마음에 공간을 만드는 것이 얼마나 중요한지 깊이 깨닫는다. 그 마음의 공간에 들어가서 하나님의 마음을 알고 그것을 구체적 행동으로 옮기는 것 또한 기도임을 깨닫는다. 그 순간이 하나님을 만나고, 나의 참자아를 만나고, 나의 이웃인 아내를 만나는 순간이기 때문이다.

3 딸들의 갈등을 중재하다

두 딸이 오랜만에 한국을 방문했다. 한방에서 두 주간 자가 격리를 하고 있는 아이들과 줌(Zoom)으로 통화할 기회가 있었다.

"어제 서로 싸우고 화해를 잘했어요."

서로 웃고 있었지만, 그래도 어떤 내용으로 어떻게 싸우고 마무리를 했는지 궁금했다.

"어떻게 했는데?"

억울했던 동생이 먼저 말을 한다.

"제가 외삼촌과 통화를 해서 필요한 네 가지를 묻고 아주 잘했다고 생각을 했는데, 통화 끝나고 언니가 화가 나서 말을 안 했어요. 제가 비폭력대화(Nonviolent Communication)를 사용해 말을 하려고 해도 안 되고⋯. 그래서 '언니는 『비폭력대화』도 안 읽었어?'라고 했더니 언니가 상처를 받았어요. 그리고 나중에 제가 '언니랑 있는 것이 어떤 때는 도덕 선생님이랑 있는 것 같다.'고 했어요. 그랬더니 언니가 '비폭력대화에서는 딱지 붙이기(labeling)는 하지 않는다면서 왜 너는 그렇게 하니? 넌 『비폭력대화』도 안 읽었니?'라고 반응하지 뭐예요. 그래서 저도 상처를 받았어요."

일단은 언니에게 동생의 말을 언니 자신의 말로 바꿔서 요약을 해 보도록 했다. 그렇게 언니가 요약한 말이 동생에게 충분히 공감이 되었는지 확인한 다음에 동생에게 더 하고 싶은 말을 하도록 했다. 그렇게 서너 번을 오간 다음에 동생에게 묻는다.
"이제 하고 싶은 말을 다 한 느낌이 들면, 언니 얘기를 한번 들어 볼까?"

이번엔 순서를 바꿔서 언니가 말한다.
"우리에게 필요한 네 가지를 적어서 묻기로 했어요. 그런데 첫 번째와 두 번째 질문은 대답을 분명하게 듣지 못했는데 그냥 넘어가고, 세 번째 자기가 필요로 하는 안경에 대해서는 구체적으로 묻고 답을 얻어서 좋아하는 거예요. 그것을 보고 저는 화가 났어요."

일을 구체적으로 명료하게 진행하기 원하는 언니가 경험했던 좌절을 이렇게 표현했다. 언니의 말을 요약하면서, 동생은 언니가 왜 그때 화가 났는지 몰랐다고, 이제야 언니의 마음을 알게 되었다고 한다. 그렇게 몇 번을 오가면서 마음을 충분히 만날 때까지 느낌과 생각을 주고받는다.

"서로 이야기를 듣고 나니까 어때? 혹시 후회가 되거나 미안한 마음이 드는 것이 있으면 서로 표현해 보면 좋겠네."

첫째가 먼저 말한다.

"나의 마음을 그때 표현 못 한 것에 대해서 후회가 되고, 내가 상처를 받았기 때문에 의도적으로 상처를 주려고 말한 것 미안해!"

그러자 둘째가 얘기한다.

"구체적으로 물어보기로 한 것을 제대로 못 보고 통화한 것과 결과적으로 명료한 답을 얻지 못한 것 미안해. 다음부터는 역할을 나눠서 하는 것에 대해 분명한 책임을 지도록 할게."

미안한 마음을 나누면서 둘은 더 깊은 차원에서 만나게 된다. 이것이 진정한 화해이다. 마음을 만나지 않고 적당한 선에서 서로 미안하다고 사과를 하면서 사건을 접는 경우가 간혹 있다. 그럴 때는 서로를 알 수 있는 기회, 더 깊이 사랑할 수 있는 기회 또한 함께 덮게 된다.

"다음부터 이런 일들을 예방하기 위해서 조심하거나 동의할 부분이 있니?"

갈등을 중재할 때에는 서로를 화해시키는 것에서 한 걸음 더 나아가 다음에 비슷한 일이 반복되지 않도록 새로운 길을 찾는 것이 중요하다. 내가 아이들에게 직접 지침을 내려 주기보다 생각해 볼 수 있는 질문을 하니 두 자매가 서로 대화하며 원칙을 만든다.

"언니가 화가 나 있는 것 같을 때, 어떻게든 대화를 시도하기보다는 지금 대화를 할 의향이 있는지 없는지를 먼저 묻는다."

"지금 대화를 하고 싶지 않으면 언니는 동생에게 시간이 필요하다고 말하고 타임 아웃(time out)을 선언한다. 그러면 동생은 이를 존중한다."

"서로를 판단하는 '너 메시지(You-message)'를 쓰지 않는다. 대신 '나 메시지(I-message)'를 써서 나의 느낌과 필요를 정확하게 전달한다."

"내 안에 일어난 감정에 대한 책임은 상대가 아니라 내가 진다는 전제를 서로 잃지 않도록 한다."

둘은 이런 근원적인 관계와 대화의 원칙을 다시금 확인하고 동의한다. 갈등이 있을 때 구체적으로 어떻게 하는 것이 서로를 존중하는 것인지를 기억하고 다짐하는 시간을 갖는 것이다. 갈등은 언제나 있을 수 있다. 하지만 그것을 풀어 가는 과정을 통해서 서로가 무엇을 원하고 필요로 하는지 더 알아 가는 기회로 삼을 때, 서로의 관계는 더 깊어진다. 나아가 서로 다른 신념 체계와 스타일을 바꾸려 하지 않고 있는 그대로 받아 주는 연습을 할 수 있다. 그것이 진정한 사랑이라는 것을 그 과정을 통해서 배우고 익히기 때문이다.

가족 간의 갈등을 중재할 때 중요한 것은 어느 한쪽의 의견에 치우치지 않는 마음을 갖는 것이다. 어느 쪽도 편들거나 정죄하지 않고 임할 때만 양쪽의 이야기를 제대로 들을 수 있다. 그리고 그럴 때에만 서로가 마음을 충분히 열고 솔직하게 이야기할 공간을 만들어 줄 수 있다.

또한 너무 빨리 문제를 풀려고 하지 않는 자세도 중요하다. 충분히 과정을 밟지도 않은 채 빨리 사과를 하게 하면, 오히려 서로의 마음을 만나지 못하게 된다. 진정한 용서와 화해는 마음을 만날 때만 가능하기 때문이다. 어렵지만 마음을 만나는 과정을 거칠 때 서로를 더 알아 가고, 서로의 다른 성향과 가치와 기대들을 조금씩 더 배려할 능력을 키워 나갈 수 있게 된다.

그리고 중재자로서 무엇보다 필요한 것은 불안이나 걱정이 아니라 평안의 마음으로 함께하는 것이다. 어떤 이야기나 내용이 나온다 해도, 그것을 듣고 놀라거나 화를 내거나 비난하지 않고 그대로 볼 수 있는 현존의 능력이야말로 중재자에게 가장 중요한 자질이다. 듣는 이에게 이런 마음이 없으면, 갈등의 당사자들은 서로의 마음을 안전한 공간에서 마음껏 충분히 내어놓지 못하고 마무리를 하게 된다. 적당히 봉합하는 법을 배우는 것이다.

듣는 마음에서 나오는 관상적 경청의 능력이 있을 때만, 판단 없이, 서두르지 않고 상대방에게 현존하면서 안전한 공간을 만들 수 있다. 그럴 때 가족 간에 어떤 어려움이 있어도 서로를 있는 그대로 용납하고 부족한 부분들을 함께 나누면서 품는 과정으로 바꿔 갈 수 있다. 가족 안에서 서로의 마음을 세밀하게 만나 하나 됨을 경험하도록 돕는 일에 쓰임 받을 수 있음에 감사할 뿐이다.

내가 원하는 방식대로 되지 않아도 하나님을 신뢰하는가?

"지난 한 주는 많이 피곤하고 정신이 하나도 없었습니다. 갓 태어난 아이도 잠을 잘 못 자서 계속 안고 있어야 했고요. 다른 아이들도 예절을 가르치는 것이 너무 어렵습니다. 제가 인상을 쓰고 화를 내면 그때서야 아이들이 듣습니다. 밥 먹을 때, 씻어야 할 때 아이들이 말을 안 들어서 저는 몸도 마음도 많이 힘듭니다. 어떻게 하면 이런 문제를 풀 수 있을까, 기도는 못 하고 생각만 하는 한 주였습니다."

20여 주 동안 매주 이냐시오 영신수련을 통한 영성지도로 만나고 있는 30대 중반 남자의 고백이다.

이 피지도자는 하나님께서 자신에게 가장 맞는 시간과 방법으로 자신을 새롭게 하실 것이라는 믿음과 기대로 이 영성지도를 받기 시작했다. 그런데 자신의 기대와는 달리 반복적으로 좌절을 경험한다. 갓 태어난 막내는 심장에 이상이 있어 수술을 해야 했고, 그 위로 고만고만한 어린아이들이 세 명이나 더 있기 때문에 집에서 전임으로 일하면서 가족들과 함께 시간을 보내는 것이 쉽지 않은 것이다. 그리고 이 형제는 아이들을 반듯하게 양육하고 싶어 한다. 아이들과 함께 예배도 드리고 싶고 금식하면서 기도도 하고 싶고 새벽에 일어나서 막내를 안고 기도도 하고 싶다. 하지만 이런 일들이 되지 않을 때 좌절이 되고 몸과 마음이 피곤해진다.

이 형제의 이야기를 들으면서 나 또한 마음에 염려가 일어난다.
'혹시 이 형제에게 아무런 변화도 일어나지 않으면 어쩌지?'
'앞으로 열 번 정도 만나면 이 영성지도도 끝나는데, 나와의 만남이 그냥 이렇게 끝이 나면 어쩌나?'

이런 초조와 염려를 그룹 수퍼비전 모임에 가지고 와서 내어놓는다. 이 모임은 영성지도자들이 자신의 영성지도 경험을 나누면서 자기 성찰과 자유를 경험하도록 함께 듣고 반응해 주는 곳이다. 앨리슨(Alison)이라는 수퍼바이저가 이렇게 물어 준다.
"하나님께서는 그 형제에게 무엇을 원하실까요? 주어진 현실과 사건들을, 하나님 앞에서 열린 마음으로 받아들이는 것이 그 형제에게는 진정한 선물이지 않을까요?"

그 순간 내 마음에서 새로운 빛이 찰칵 켜졌다.
'아하, 그렇지! 다른 뭔가를 하려고 하는 것을 내려놓고 지금 이 순간의 현실을 있는 그대로 받아들이는 것이 그 형제에게는 진정한 훈련이자 선물이지.'

"그러면 저는 어떤 태도로 이 형제와 함께하면 좋을까요?"

내가 묻자, 앨리슨은 이번에도 질문으로 되돌려 준다.

"그 형제가 하나님께 자신을 온전히 내어 드리는 것이 진정한 하나님의 선물이라는 것을 믿습니까? 그렇다면 그 형제가 하나님께 나아와 자신을 내어 드리도록 당신이 함께하는 것은 어떤 모습일까요?"

이 물음에 정신이 번쩍 들었다.

'그래, 내가 뭔가 해 주려고 하고 있었구나. 이 만남의 주인은 하나님이신데…. 이 형제가 하나님을 새롭게 만날 수 있도록 나는 그저 함께 있어 주고 들어 주면 되는데, 뭘 더 하려고 했지? 하나님께서 그 형제에게 보여 주고 계시는 것은 무엇일까? 힘든 현실 때문에 그 형제는 좌절과 짜증과 피곤 속에 있다. 그러나 하나님은 여전히 그 형제와 함께하시면서 역사하고 계신다. 그것을 진정으로 믿고 함께해 주는 것이 영성지도자로서 중요하겠구나.'

그러고 보니 하나님께서는 그 형제의 기대와는 달리, 아니 그 기대보다 더 깊고 풍성하게 응답하고 있음을 깨닫게 된다. 그 형제는 뭔가 잘 정리되고 방향이 잡히고 준비가 되어서 다음 단계로 나아가는 것을 기대했다. 그리고 그 과정에서 하나님께서 자신의 더 깊은 내면을 만지시고 다루실 것이라고 기대했다. 그러나 자신이 생각하지 못한 그런 방식으로 일하실 것이라고는 예상하지 못했다. 하나님께서는 그 과정을 통해서 그 형제가 스스로에게 가장 근본적인 물음을 던지게 하시는 것이다.

'나는 누구인가? 하나님은 누구이신가?'

자신의 뜻대로 일이 되지 않기에 이런 물음을 갖고 씨름할 수밖에 없는 좌절의 상황 자체가 그 형제에게는 큰 선물이다. 그 속에서 지금까지와는 다르게 하나님과 관계를 맺어 가야 하기 때문이다.

이 깨달음을 통해서 영성지도자로서의 나를 새롭게 보게 된다. 피지도자가 어떤 상황에 있든지, 그 속에 역사하고 계시는 하나님에 대한 신뢰의 마음으로 그 상황을 있는 그대로 받아들이는 것이 영성지도자가 할 일이다. 그렇지 않으면 나도 불안과 염려로 피지도자를 대할 수 있고 하나님의 일하심을 알아차리지 못할 수 있기 때문이다.

이 수퍼비전을 통해서 다시금 나의 마음이 하나님께로 향한다. 우리의 기대와 생각을 넘어서는 하나님의 일하심과 계획을 보게 된다. 그러니 마음이 훨씬 더 가벼워진다. 하나님께서 그의 삶 가운데 역사하시는 것을 신뢰하는 마음으로 그와 함께할 수 있는 에너지가 생긴다. 하나님께서는 그의 문제와 상황을 통해서 나의 실체를 또한 비춰 주고 계신 것이다. 내가 원하는 방식대로 되지 않아도, 그 속에서 일하고 계시는 하나님을 신뢰하는지 스스로 묻게 하신다. 이런 과정을 통해서 내 알아차림의 능력이 깊어진다. 그래서 피지도자를 있는 그대로 품고 하나님의 마음으로 보면서 현존해 줄 수 있는 힘이 커진다. 이렇게 수퍼비전은 지금까지 그리고 앞으로 영성지도 사역을 하면서 내가 더욱

더 온전해지고 자유롭게 되도록 도와주는 근원지로서 자리매김하고 있다.

5 온전한 사람은 그 자신이 이미 온전한 세상이다

　어렸을 적 나는 꿈이 있었다. 좋은 학교에 가서 고시를 보고 장관이 되어서, 유행가 가사처럼, 저 푸른 초원 위에 그림 같은 집을 짓고 사랑하는 임과 함께 한 백 년 살고 싶었다. 그런 평범한 꿈을 가지고 원하던 학교에 들어갔다. 그런데 막상 학교에 들어가서 보니, 시국은 어수선하고 대학 생활은 내가 꿈꾸던 것과 많이 달랐다. 80년대는 수업보다 데모를 더 많이 하던 시기였다. 나는 강의실이 아닌 선배들과의 스터디에서 세상이 얼마나 불합리한지 각성하게 되었다. 내가 원하는 소시민적인 삶을 사는 것이 결국은 부패한 이 사회의 한 부품으로 사는 것밖에 안 된다는 판단이 들었다.
　미련 없이 고시에 대한 꿈을 접고, 한 작은 진보적 기독 운동 단체의 간사가 되는 길을 선택했다. 명확한 삶의 기준과 사명을 못 찾고 고민하는 청년 대학생들을 위한 삶을 살고 싶었다. 나아가서 나의 부모님처럼 가난하고 소외된 사람들도 다른 사람들과 똑같이 대접받고 사는 공정하고 평등한 세상을 이루고 싶은 꿈도 있었다.

　고등학교 때였다.

"이렇게 짐 보따리가 많으면 어떻게 해. 저 뒤쪽으로 가요!"

퉁명스러운 버스 운전사의 말에 엄마는 아무 말도 못 하고, 보따리들을 들고 밀면서 뒤로 간다. 밭에서 재배한 고추, 시금치, 깻잎, 오이, 가지 같은 것들을 시내의 경매장에 팔러 가는 길이었다. 그 모습을 뒤에서 지켜보던 나는 마음이 아팠다. 때로는 배추 값이 너무 싸서, 재배한 채소를 경운기에 싣고 아버지가 직접 시내 아파트 앞에서 사람들에게 팔기도 하셨다. 내가 어렸을 때 아버지는 서울에서 집 짓는 일을 하는 십장이셨다. 또 전국을 돌아다니면서 건설 현장에서 일하는 사람들을 위한 임시 식당인 함바집을 하기도 하셨다. 그러다가 내가 5학년 때 고향인 시골로 내려오셔서 남은 평생 농사 짓는 일을 하셨다.

나는 이렇게 가난한 집에서 태어나서 자랐다. 비록 서울로 대학을 왔지만 나 혼자만 잘 먹고 잘살기 위해 그런 특권이 허락된 것이 아님을 알고 있었다. 오히려 나의 부모님처럼 가난하고 힘 없는 사람들이 더불어 잘사는 세상을 만드는 일에 헌신하는 것이 나의 사명이라는 생각이 들었다. 그러나 내가 기독 대학생들을 섬기는 간사의 길을 가고자 했을 때, 부모님께서는 실망하셨다.

"뭐? 강사도 아니고, 간사가 뭐야!"
그래도 내가 뜻을 굽히지 않자 나에게 이렇게 소리치셨다.
"정 그 길을 가려면 호적을 파 간 다음에 해!"

부모님은 부모님대로, 나는 나대로 마음이 상했다. 서로를 위한 마음은 전혀 전해지지 않은 채. 그래도 자식 이기는 부모 없다고, 결국 부모님은 나중에 나의 길을 인정해 주셨다.

미국에 와서 '영성과 문화'를 배우면서, 특별히 한국의 유교 문화를 배우면서 좀 더 깊이 부모님을 이해할 수 있는 기회를 갖게 되었다. 영화 〈태극기 휘날리며〉를 보다가 형이 동생을 위해서 헌신하고 희생하는 장면에서 나의 형제들과 부모님이 떠올랐다. 가족들이 나를 얼마나 자랑스럽게 여겼고, 나를 위해서 얼마나 큰 희생을 치렀는지, 그리고 내가 얼마나 잘살기를 원했는지 다시금 깨닫게 되었다. 그런 사랑의 마음과 배려가 느껴졌을 때, 나는 부모님이 보고 싶어서 길을 가다 말고 소리 내어 울었다.
"보고 싶어. 엄마, 아버지!"

이전에는 몰랐던 그분들의 마음을 그제서야 만난 것이다. 미안함과 그리움의 눈물이었다. 또한 아쉬움의 눈물이기도 했다. 내가 얼마나 부모님을 사랑하는지, 내가 이 길로 들어선 이유가 부모님처럼 가난하고 소외된 이웃들을 위한 것임을 표현하지 못한 데서 나오는 아쉬움의 눈물.

나의 이 이야기는 나 개인의 이야기를 넘어서, 부모님과 가족 그리고 이 사회의 역사, 문화, 가치 체계들과 깊이 연결되어 있다. 물론 그 속에서 역사하시는 하나님과도 연결이 되어 있다. 그래서 나는 영성지도나 수퍼비전을 할 때, 피지도자들의 이야기가 다른 사람들과의 관계 및 이 사회의 구조와 어떻게 연결되어 있는지 알아차릴 수 있도록 질문을 던져 준다.

예를 들어, 한 피지도자는 어렸을 때 한국에서 미국으로 이민을 와서, 미국 문화에서 자랐다. 자신이 속한 공동체의 상사가 자신을 좀 더 인정해 주기를 원하면서도, 왜 자신이 그를 소극적으로 대하고 있는지를 몰랐다. 영성지도를 통해 자신의 이런 반응이 어디에서 왔는지 이해하고, 한국 문화와 자기 삶이 연결되는 데서 오는 해방을 경험하기도 했다.

또한 한 이민교회 부목사님의 아내는 신학을 전공했지만 사모이기 때문에 남편을 돕기만 하는 위치에 있었다. 한국 교회 문화에서는 그것이 당연하였기에 그분은 사역을 할 엄두도 못 내고 있었다. 그러나 조금씩 자신 안에 하나님께서 주신 부르심과 접촉하면서, 그분은 비록 사회 문화적으로 허용되지 않는 것이지만, 거기에 안주하지 않기로 결심한다. 결국 사회 문화적 장벽을 조금씩 뛰어넘어서 새로운 사명의 길을 선택할 때 오는 기쁨을 맛보게 되었다.

어떤 때는 피지도자의 얘기를 듣고 나서 "이 가정 공동체에서 누가 제일 소외되어 있나요?", "지금 이 교회 공동체에서 누구의 목소리가 묻혀서 들리지 않나요?" 이렇게 묻기도 한다. 그럴 때 자기 중심으로만 보던 시각이 확장되면서 전체 구조가 눈에 들어온다. 가족 안에서 전혀 생각하지 못했던 존재들을 알아차리게 되고, 교회 구조 속에서 관심을 두지 않았던 사람들을 주목하게 된다. 소외된 사람들의 관점으로 공동체와 자신의 이야기를 보게 될 때, 기존의 구조 속에서 건강하고 균형 잡힌 관계를 세워 가기 위한 자각이 생긴다. 그럴 때 피지도자의 이야기는 개인 중심에서 그치지 않고 좀 더 온전하고 통합된 관점으로 확장되는 것이다.

영성지도는 피지도자가 스스로 하나님과의 관계에서 나오는 의식을 가지고 하나님께서 원하시는 선택을 해 나갈 수 있도록 돕는 것이다. 하나님의 뜻을 선택을 할 때, 단순히 하나님과의 개인적인 관계만이 아니라 다른 사람들과의 관계, 공동체 구조와 사회 전체, 그리고 환경적인 차원까지 고려하면서 그 속에서 함께하시는 하나님께서 뭐라고 말씀하시는지 귀 기울여 듣고 선택할 수 있도록 도울 필요가 있다.

영성지도자는 피지도자가 이야기를 할 때, 이 네 차원(하나님과의 관계, 개인적인 관계, 사회 전체와의 관계, 그리고 자연환경과의 관계)의 경험이 서로 동시적으로 어떻게 연관되어 있는지를 듣고 하나님의 뜻대로 선택해 나갈 수 있도록 함께하는 것이다. 그런 면에서 영성지도자는 한 사람의 개인만이 아니라, 세상을 더욱더 온전하게 하고 밝게 하는 일에 참여하고 있다고 말할 수 있다. 나아가서 그 사회와 개인 속에서 일하시는 하나님을 만나서 동행하도록 돕는 자이다. 진정한 그리스도인은 개인과 공동체, 사회와 하나님의 나라를 동시적으로 함께 살아가는 사람이다. 온전한 사람이 되도록 돕는 것은 온전한 세상을 세워 가는 것과 분리할 수 없다. 박노해 시인이 말한 것처럼, 참 좋은 사람은 그 자신이 이미 좋은 세상이기 때문이다.

6 마무리하며

　일대일 또는 그룹으로 하는 영성지도에서 누군가 내 이야기에 관상적으로 경청해 줄 때, 하나님을 더욱더 깊이 만나게 되고 나 자신에 대해서 몰랐던 부분들 또한 만나게 된다. 그래서 지금 하나님께서 나에게 무엇을 원하시는지 더 잘 듣고 따를 수 있게 된다. 나의 삶 속에서 일어나는 일들을 나눌 때, 누군가 나를 판단하지 않고 있는 그대로 들어 준다면, 나 혼자서는 알 수 없었던 새로운 차원의 세계로 들어가게 된다. 그때 주어지는 자유가 있고, 가벼움이 있고, 용기가 있다. 나의 불안하고 정리되지 않았던 마음이 새롭게 통합되고 명료해진다.

　이런 관상적 경청의 혜택을 누린 사람은 다른 사람들에게 관상적 경청의 통로가 될 수 있다. 들어 주고 함께 현존해 줄 때, 많은 영혼들이 하나님을 만나게 된다. 거기에서 주어지는 새로운 통찰과 자유를 눈으로 직접 보게 된다. 그럴 때 맛보는 감사와 기쁨, 그리고 보람이 있다. 나를 통해서 일하시는 하나님의 놀라운 능력을 경험하기 때문이다.

　일상의 삶에서도 관상적 경청을 적용할 수 있다. 함께하는 사람들과 갈등이 있을 때 좀 더 마음을 열고 들을 수 있다. 그때 새로운 만남이 이루어지기도 한다. 공동체에서 다른 사람들의 이야기를 잘 들어 주면서 평화의 통로가 되기도 한다. 세상에서 일어나는 일들을 통해서 말씀하시는 하나님의 음성을 듣고 참여해 나가는 지혜가 주어진다.

"미래의 그리스도인은 신비가가 되거나, 아니면 존재하지 않을 것이다." 칼 라너(Karl Rahner) 신부가 이렇게 말했다. 일상을 살아가면서 만나는 사람과 사건들을 통해서 하나님 경험을 하는 것이 그리스도인의 삶이라는 말이다. 이런 경험 없이 형식적인 교리나 제도에 맞춰서 자기 생각대로 만족하면서 살아가는 삶은 진정한 그리스도인의 삶이 아니다. 지금 살아서 함께하시며 자신의 삶과 세상 속에서 활동하시는 하나님을 만나면서 반응해 나가는 사람, 자신의 내면, 가족, 일, 사회, 그리고 자연에서 계속 말씀하시고 일하시는 하나님의 음성을 듣고 거기에서 주어지는 하나님의 뜻에 따라 선택을 해 나가는 사람, 그 사람이 신비가이자 영성가이다. 그 사람의 듣는 마음의 중심에는 하나님을 향해서 활짝 열린 공간이 있다. 그래서 하나님과 더욱더 가까워진 마음으로 듣고 일상에서 하나씩 선택해 나갈수록, 그 사람의 삶에는 넘쳐나는 기쁨이 있고, 평화가 있고, 자유가 있다.

이번 장에서는 나의 개인적인 영성지도 경험과 일상에서의 경험을 나누면서 듣는 마음을 통한 관상적 경청이 왜 중요한지를 말하고자 하였다. 다음 장에서는 듣는 마음이 구체적으로 무엇이고, 관상적 경청을 어떻게 해야 하는지를 알아보고자 한다.

관상적 경청, 기술을 넘어선 예술

1 솔로몬이 구한 한 가지, 듣는 마음

[1] 솔로몬이 듣는 마음을 구한 이유

하나님께서 솔로몬의 꿈에 나타나셨다.
"내가 너에게 무엇을 주기 원하느냐? 구하여라."
솔로몬이 대답했다.
"제가 원하는 것은 이것입니다. 하나님의 음성을 듣는 마음을 주셔서 주의 백성을 잘 인도하고 선악을 분별하게 해 주십시오. 주님의 영화로운 백성을 어느 누가 자기 힘으로 다스릴 수 있겠습니까?"
주 하나님께서 솔로몬의 대답을 기뻐하시며 말씀하셨다.
"네가 오래 사는 것이나 부나 원수의 멸망을 구하지 않고, 다만 백성을 잘 지도하고 통치할 능력을 구했으니, 네가 구한 대로 내가 네게 줄 것이다. 내가 네게 지혜롭고 성숙한 마음을 줄 것이니, 너와 같은 사람은 이전에도 없었고 앞으로도 없을 것이다."*

솔로몬이 구한 한 가지는 '듣는 마음'이었다. 왜 부나 원수의 멸망이

---

*   열왕기상 3장 9절. 새번역.

아니라 듣는 마음이었을까? 하나님께서는 '백성을 잘 지도하고 통치할 능력을 구했다.'고 기뻐하셨다. 듣는 마음이 어떻게 백성을 잘 지도하고 통치할 능력과 연결이 될까? 솔로몬은 주님의 백성을 자기 힘으로 다스릴 수 없음을 알았다. 무엇보다도 하나님 없이는 왕으로서 자신의 사명을 감당할 수 없었기 때문이다. 솔로몬은 하나님께 모든 것을 묻고 하나님의 응답을 받을 때만, 왕으로서 자신에게 주어진 책임을 감당할 수 있는 지혜가 주어진다는 것을 알았다.

듣는 마음은 자신의 전 존재의 근원인 마음이 하나님으로만 가득 채워진 상태이다. 자신의 지성, 의지, 감정, 그리고 영적 차원까지 하나님의 현존으로 채워진 상태인 것이다. 솔로몬은 마음 깊은 곳에서 함께하시고 말씀하시고 일하시는 하나님을 만나기를 원했다. 그 경험이 있을 때만 하나님께서 원하시는 뜻대로 분별하고 선택할 수 있는 지혜가 주어지기 때문이다.

이 듣는 마음만 있으면 우리는 하나님을 만나게 된다. 두려움에 근거해서 선택해 나가는 삶이 아니라, 하나님으로부터 나오는 사랑에 근거한 삶을 살게 된다. 이 듣는 마음은 하나님을 담는 우리 존재 근원의 자리이며, 하나님께서 마음껏 일하시도록 내어 드리는 공간이기 때문이다.

솔로몬은 이 듣는 마음을 통해서 구체적으로 어떻게 하나님의 뜻을 따라 백성들을 안내했을까? 한 아기를 두고 다툰 두 엄마에 대한 판결은 이 듣는 마음에서 나오는 지혜를 잘 보여 주는 일화다. 같은 집에서 같은 시기에 아이를 낳은 두 여인은 한 아이가 죽자 산 아이를 서로 자신의 아기라고 주장하며 싸우다가 솔로몬을 찾아왔다. 솔로몬이 말했다.

"한 여자는 '살아 있는 아이가 내 아들이고 네 아들은 죽었다.' 하고, 또 한 여자는 '아니다. 죽은 아이는 네 아들이고 살아 있는 아이가 내 아들이다.' 하니 이 일을 어찌한단 말인가?"

잠시 후에 솔로몬이 말했다.
"살아 있는 아이를 둘로 갈라서 반은 이 여자에게 주고 반은 저 여자에게 주어라."
잠시 후에, 즉 솔로몬은 이 상황을 가지고 하나님께 묻고 하나님께서 어떻게 일하고 계시는지를 들을 수 있는 시간을 가진다. 그때 번뜩 하고 솔로몬의 마음에 지혜가 주어졌다.

솔로몬의 말을 듣고 진짜 엄마는 아들 생각에 감정이 북받쳐서 말했다.
"안 됩니다. 주인님! 아이를 산 채로 저 여자에게 주십시오. 아이를 죽이지 마십시오!"
반면 가짜 엄마는 이렇게 말했다.
"아이가 내 것이 될 수 없다면 네 것도 될 수 없지. 차라리 갈라 버리자!"

소중한 자신의 아들을 지키기 위해 거짓말을 하면 목숨 보존이 힘들다는 것을 알면서도 자식을 살리기 위해서 목숨을 내어놓은 진짜 엄마의 큰 사랑을 보았을 때, 판결은 끝이 났다.

"살아 있는 아이를 먼저 말한 여자에게 내주어라. 아무도 이 아이를 죽이지 못한다. 저 여자가 진짜 어머니다."

짧은 시간이었지만, 솔로몬은 이렇게 분별하기 힘든 상황에서 자신의 마음 깊은 곳에서 들리는 하나님의 소리를 듣기 원했다. 이 듣는 마음으로 하나님께서 원하시는 뜻을 분별하고 그 뜻대로 백성들을 재판하고 안내하고 싶었다. 사람들과 사건들, 그리고 상황들을 통해서 말씀하시는 하나님의 뜻을 잘 듣고 따르고 싶었던 것이다. 그럴 때만 진정으로 하나님께서 원하시는 하나님의 나라를 세워 나갈 수 있었기 때문이다. 솔로몬이 듣는 마음을 구한 이유는 결국 왕으로서 자신에게 맡겨 주신 백성들을 잘 섬기기 위한 것이었다.[*]

이 듣는 마음은 그 재판의 순간에만 주어진 것이 아니라, 하나님과 대화와 교제를 통해서 조금씩 계발되어 갔을 것이다. 하나님과 함께 머무는 시간이 깊어지기까지는 시간이 걸리기 때문이다. 그렇게 조금씩 꾸준히 하나님과의 깊은 만남을 통해서 솔로몬은 하나님께 민감한 마음의 안테나를 가질 수 있게 되었다. 하나님께서 말씀하실 때마다

---

[*] N. Cachia, 'Receiving and Forming towards a Listening Heart', Acta Theologica Supplementum 17, p. 76.

새롭게 의미를 해석할 수 있는 능력을 키워 간 것이다. 그리고 점점 더 하나님과 하나가 되고 하나님과 친밀하게 되면서 그 마음에서 나오는 반응을 할 수 있었던 것이다.

[2] 내가 듣는 마음을 구하는 이유

얼마 전에 말씀 묵상(Lectio Divina)을 할 때였다.
"비유가 아니고서는, 아무것도 그들에게 말씀하지 않으셨다."(마 13: 34)
 이 구절이 마음에 깊이 새겨졌다. 이 말씀이 나의 마음을 관통하고 나의 영혼에 머물도록 잠시 침묵의 시간을 가졌다. 렉시오 디비나는 어떤 새로운 신학을 배우는 것이 아니라 하나님께서 나를 읽고 듣도록 내어 드리는 것이기 때문이다. 나의 무거웠던 마음이 가벼워진다.
 '주님께서는 어렵게 가르치지 않으셨구나. 숨은 비밀들, 깊은 영적인 원리들을 쉽게 비유를 통해서 풀어내셨구나.'

 순간 내가 쓴 글에 대해 며칠 전에 받은 피드백이 떠올랐다. '논리가 아닌 감성'으로의 전환이 필요하다는 내용이었다. 사실 나는 이 책을 쓰면서 논리적으로 설명을 잘해야 한다는 생각을 붙잡고 있었다.
 '괜찮다. 쉬워도 된다. 쉬워도 깊을 수 있기 때문이다. 쉽게 풀어낼 때 오히려 내용이 더 잘 전달되고 독자들에게 영향을 줄 수 있다.'
 쥐고 있었던 나의 생각이 놓이는 경험을 한다. 이런 묵상과 침묵을 통해서 주님의 마음과 나의 마음이 공명(resonance)될 때 일어나는 축복이다. 성령님께서 내 마음을 여시고 내가 하나님의 뜻에 '예' 하고 내어 드릴 때 주어지는 명료함이다. 이렇게 하나님의 현존을 통해서 묵상과 침묵 가운데 부드러우면서도 지속적으로 제안하시는 그분의 소리를 잘 알아차리는 것이 분별이자 들음이다.

물론 이 과정에서 나의 왜곡된 상상이나 선입견으로 하나님의 뜻을 잘못 들을 수도 있다. 그렇기 때문에 건전한 이성에 귀를 기울이고 영성지도를 통해 안내받는 것이 함께 가야 좋다. 그럴수록 하나님의 뜻을 더 잘 인식하고 하나님께서 가리키는 방향으로 한 걸음씩 나아가는 기쁨이 더 커진다. 내적으로 하나님의 현존과 공명이 되어서 올바른 방향으로 나가고 있음을 알아차릴 때, 우리는 자유를 경험하고 우리 삶은 더 건강해진다. 하나님과 이웃을 참되게 사랑하는 쪽으로 안내를 받기 때문이다. 반면에 이런 공명 없이 우리 고집대로 살아갈 때, 우리 내면은 메마름과 초조와 좌절을 경험한다. 하나님과 이웃, 그리고 우리 자신으로부터 분리되기 때문이다.

얼마 전 지원했던 전임교수의 길이 열리지 않았을 때 나는 실망을 했다. 나의 에고에서 올라오는 다양한 소리들이 있었다. 미래에 대한 걱정과 염려, 지금 현실을 그대로 인정하지 못하는 데서 나오는 불만의 소리들이다.

그 마음을 품고 스노우매스(Snowmass)에 있는 수도원에 침묵 수련을 갔다. 복잡했던 마음들이 조금씩 가라앉기 시작했다. 5일간의 침묵 시간을 통해서 나의 깊은 내면에 있는 참자아의 소리를 들을 수 있었다. 지금 나의 모습을 있는 그대로 수용할 수 있는 내면의 힘이 주어졌다. 내가 원하고 추구하는 삶이 아니라 주님께서 원하시는 삶을 살고 싶은 마음이 올라왔다. 그러자 지금 가르치고 있는 영성 과목들과 안내하고 있는 다양한 영성수련과 영성지도, 그리고 지금 쓰고 있는 책이 떠올랐다. 하나님의 관점에서 보니, 내가 전임이라는 직업을 갖느냐 못 갖느냐는 그리 중요한 게 아니었다. 그분의 관심은 내가 지금 내 사명대로, 그분이 부르신 대로 살고 있는가 하는 것이었다. 나의 에고는 다른 사람들이 나를 어떻게 보느냐가 중요했지만, 나의 참자아는 하나님께 초점을 맞추고 지금 할 수 있는 것에 정성을 다해서 부르심대로 살기만 하면 되는 것이었다. 그때 주어지는 마음의 평안이 있었다. 이런 깊은 침묵의 시간들을 통해서, 내 마음 깊은 곳에서 올라오는 하나님의 소리를 듣고 거기에 내 마음을 조율하는 것이 더욱 필요함을 절감했다.

내가 렉시오 디비나 또는 침묵 시간을 통해서 하나님의 음성을 듣고 하나님께 나의 마음을 새롭게 맞추는 이유는 그때 주어지는 자유와 명료함이 있기 때문이다. 그때 진정으로 나 자신이 되기 때문이다. 지금의 상황을 있는 그대로 품을 수 있고, 하나님께서 말씀하시는 대로 수용하며 나갈 수 있는 힘이 생기기 때문이다.

들음, 즉 분별은 하나님의 현존을 감지하는 것이다. 깊은 침묵 가운데, 내 마음 안에서 하나님과 하나된 마음을 갖게 될 때 울리는 울림, 즉 공명을 경험하는 것이다.* 그리고 그분이 말씀하신 대로 선택을 해 나가는 것이다. 이렇듯 들음은 하나님께서 어떻게 일하시는지 아는 영적 통찰이다. 이는 깊은 묵상과 침묵의 훈련을 통해서 성령님으로부터 주어진다. 그러니 내가 할 일은 하나님께서 나에게 말씀하실 시간과 공간을 내어 드리는 것이다. 그럴수록 하나님의 눈과 귀로, 하나님의 마음으로 보고 듣고 알아차릴 수 있는 내면의 자유가 점점 커진다. 그럴 때 사도 바울을 통해서 하나님께서 말씀하신 것처럼, 하나님께서 나를 부르신 그 부르심에 합당한 삶을 매 순간 살아갈 힘이 조금씩 더 주어지기 때문이다.

"여러분은 부르심을 받았으니, 그 부르심에 합당하게 살아가십시오."(엡 4:1)

---

* 메리 앤 스코필드, 『영적지도와 영적여정』 p. 80.

2 관상적 경청(contemplative listening)이란?

관상적 경청? 왜 그냥 '경청'이 아니고 '관상적 경청'일까? 관상(contemplation)은 라틴어로 컨템플라치오(contemplatio)인데, 이는 성전(templum)이라는 단어에서 파생되었다. 관상이라는 단어는 '함께(con)'와 '성전(templum)'이라는 두 단어의 조합이므로, 성전에 하나님과 함께 머문다는 뜻이 될 수 있다. 성전에 계시는 하나님과의 깊은 만남을 통해서 하나님과 하나가 되고 그분 안에서 쉬는 것(resting)이 관상이다. 이 상태에서는 내 뜻과 하나님의 뜻, 내 마음의 주파수와 하나님의 주파수가 하나가 된다. 다시 말해, 하나님과 연합(unity)을 이룬 상태이다. 그렇다고 해서 나라는 존재가 완전히 없어지는 것은 아니다.

관상은 주체와 객체가 하나가 되는 경험이다. 그래서 이 관상 상태에서는 인간의 고통과 아픔과 갈등과 외로움과 그 어떤 힘든 것과 기쁜 것도 판단과 정죄 없이 있는 그대로 볼 수 있는 은혜가 주어진다. 하나님과 같은 마음으로 대상과 사물을 있는 그대로 볼 수 있기 때문이다. 이는 나의 능력 때문이 아니라 하나님의 마음과 연결이 되어 있기 때문에 주어지는 선물이다.

그러면 경청이란 무엇인가? 경청(敬聽)이라는 말의 뜻을 풀어 보면, 경(敬)은 존경하는 것을 말한다. 청(聽)은 귀 이(耳), 임금 왕(王), 열 십(十), 눈 목(目), 한 일(一), 마음 심(心)으로 이루어져 있다. 한자가 표음문자이다 보니 이 글자도 다양하게 해석될 수 있지만, 내가 선호하는 해석은 다음과 같다. 먼저 백성을 사랑하는 왕과 같은 귀를 가지고 집중해서 듣는 것이다. 열 개의 눈을 가지고, 소리만이 아니라 비언어적인 표현인 얼굴 표정과 손짓들까지 잘 듣는 것이다. 그리고 갈라진 마음이 아니라 하나의 마음으로 듣는 것이다. 즉, 왕의 귀를 가지고 나의 온 마음을 다해서 함께 머물고 소리와 함께 비언어적인 소리까지 듣는 것이 청(聽)이다.

국제경청협회는 "[경청]이란 언어적인 것이나 비언어적 메시지를 수용하고, 의미를 구성하며, 반응하는 과정이다."*라고 정의한다. 이 정의를 영성지도에 적용하면, 영성지도에서의 경청은 피지도자의 이야기를 수용하고 의미를 구성해서 반응하는 것이 된다. 여기에 '관상'의 의미를 덧붙여 보자. 그럼 관상적 경청은 피지도자의 이야기만이 아니라 나 자신과 하나님의 현존까지 함께 수용하고 의미를 구성해서 반응하는 과정이라고 할 수 있다. 이때 나의 내면 깊은 곳에서 말씀하시는 하나님과 피지도자의 내면 깊은 곳에서 말씀하시는 하나님이 한 분이심을 경험한다. 컨템플라치오의 컨(con, 함께)이 나와 하나님에서, 나와 피지도자와 피지도자의 하나님으로 심화 확장되는 것이다. 내가 하

---

* 앞의 책, p. 51.

나님과 관상적인 상태에 머물 때 이런 존재와 존재의 만남이 가능하다. 다시 말해, 피지도자가 자신 속에서 함께하시는 하나님과 그분의 일하심을 깊이 알아차리고 그분이 원하시는 뜻대로 반응할 수 있도록 나의 전 존재로 함께할 수 있게 된다. 요약하면, 관상적 경청은 하나님과 하나된 마음으로 피지도자와 나 자신, 그리고 하나님의 현존과 일하심을 받아들이고 의미를 파악해서 반응하는 것이다. 이는 솔로몬이 원했던 듣는 마음과 맥을 같이 한다.

엘리자베스 리버트(Elizabeth Liebert)는 관상적 경청에 대해서 이렇게 말한다.

"관상적 경청은 말하는 사람 안에, 그리고 듣는 사람과 말하는 사람 사이에 있는 성령의 현존을 존중한다. 그런 경청은 따뜻하고, 사랑스럽고, 참여적이며 기도로 가득한 침묵 안에서 이루어진다. 그 침묵은 종종 몇 마디의 말만 필요하거나 아무 말도 필요로 하지 않는다."

피지도자의 이야기를 '있는 그대로' 들으면서 그 자리에 함께하시는 성령의 현존을 존중할 수 있으려면 나 자신의 온전한 현존을 내어줄 수 있는 능력이 필요하다. 여기서 말하는 '온전한 현존'이란 지금 이 순간을 깨어서 의식하고 있으면서 나 자신의 내부 소음에서 자유로운 상태를 말한다. 이 현존은 깊은 고요함과 평화와 연결되어 있다.

---

* 엘리자베스 리버트 지음, 이강학 옮김, 『영적 분별의 길 - 하나님과 함께 믿음의 결정 내리기』(좋은씨앗, 2011), p. 31.

하나님의 마음으로 상대의 이야기 속에 함께하시고 일하시는 하나님의 음성을 듣는 능력, 즉 관상적 경청 능력을 키우는 것이 바로 영성지도자로서 현존 능력을 높이는 길이다. 머리로 이해하기는 쉽지만 실제로 이것을 습득하기까지는 시간이 걸린다. 하지만 그것을 훈련해 나가는 과정이 영성지도자가 되는 핵심이다. 현존 능력을 키워 가면 삶의 다양한 차원에서 그 열매가 나타난다. 사람을 만나 대화를 하거나 회의를 주재하거나 아주 작은 일상을 대할 때 좀 더 자연스럽고 편안하고 생기가 있다. 그런 나를 통해서 생명이신 하나님께서 일하시고 향기를 드러내시기 때문에 주변 사람들이 그것을 알아본다. 그러므로 이 관상적 경청을 몸에 익혀 나가는 과정은 결국 하나님 안에서 참자아가 되어 가는 여정이다.

3. 관상적 반응: 소리굽쇠와 공명통이 되어 돌려 주는 것

엘리자베스 교수가 관상적 경청 수업을 안내할 때이다. 하루는 소리굽쇠(tuning fork) 두 개를 가지고 왔다. 한쪽을 두드려서 진동하게 한 후에 다른 소리굽쇠를 가까이 가져가면 그 소리굽쇠에서도 소리가 났다. 먼저 소리를 낸 쪽을 멈추게 해도 다른 쪽은 계속 진동하면서 소리를 냈다. 이와 같이 한 물체가 진동하면 가까이 있는 다른 물체에도 이 진동이 전달되어 함께 진동하는 현상을 공명이라고 한다. 듣는 마음을 가진 사람은 이 소리굽쇠와 같이 피지도자에게서 나오는 그 어떤 진동이라도 그것을 받아 자신 안에서 먼저 울려 퍼지게 하고 그것을 피지도자에게 되돌려 준다. 그럴 때 그 진동이 피지도자 안에서 더 크게 확대되어 울리게 된다. 나의 반응을 통해서 피지도자 자신이 말한 것을 더 깊이 들을 수 있도록 해 주는 것이다. 같은 원리로 기타와 같은 악기는 커다란 공명통을 달아서, 연주하는 음이 더 크게 잘 들리도록 한다. 그때 배운 관상적 경청에 대한 소리굽쇠와 공명통의 이미지는 지금까지도 내 마음 깊숙한 곳에 자리하고 있다.

그러면 소리굽쇠처럼 관상적 경청을 하려면 어떻게 해야 할까? 무엇보다 내가 먼저 하나님과 하나가 되어 있는 마음의 상태, 즉 관상의 상태에 있는 것이 중요하다. 그럴 때 피지도자의 말을 내 생각대로 가감하지 않고 있는 그대로 받을 수 있고, 상대가 자신이 한 말을 더 깊고 명료한 소리로 들을 수 있도록 되돌려 줄 수 있다. 구체적으로 말하자면, 피지도자의 말 밑에 깔려 있는 감정 상태나 변화를 짧고 간결하게 돌려줄 수 있다.

영성지도자가 피지도자의 이야기를 들으면서 알아차린 것(noticing)을 돌려주는 것과 영성지도자 자신 안에서 경험한 것(experiencing)을 돌려주는 몇 가지 기본적인 문장과 예를 살펴보면 다음과 같다.*

[1] 알아차린 것 돌려주기

"나는 당신이 _____ 한 것을 알아차렸습니다." [상대방이 말하거나 행동한 것을 해석하지 않고 있는 그대로 묘사한다.]

피지도자: "요즘 일이 너무 바빠서 기도할 시간이 없는 것이 많이 아쉬워요. 기도와 관상을 안내하면서도 저는 정작 기도를 하지 못한다는 것이 아이러니예요. 저의 일과 관상이 조화를 이루는 삶을 살고 싶은 마음이 많이 있습니다."(이 말을 할 때 두 손으로 깍지를 끼면서 가슴 앞에 모은다.)

---

* 앞의 책, p. 32~33. 여기에 나온 핵심 원리들을 참고해서 구체적인 예를 들었다.

영성지도자: "관상과 일의 조화를 말하면서 이렇게 두 손을 깍지 끼네요."(그러면서 실제로 손 모양을 똑같이 해서 보여 준다.)

거울에 비친 것처럼 비언어적인 표현을 그대로 보여 줄 때, 피지도자는 조금 전에 이야기할 때는 알아차리지 못했던 것을 새롭게 알아차리는 경우가 많다. 또 다른 예는 "지금 이 이야기를 하시면서 눈시울이 적셔지네요."와 같은 표현이다. 잠시 눈시울이 붉어졌다 지나갔지만, 그런 알아차림은 피지도자가 더 깊은 내면으로 다시 집중해서 들어갈 수 있도록 해 준다. 다른 예를 들어 보자.
"지금 말씀하시면서 성장이라는 단어를 세 번이나 쓰시네요."

이렇게만 돌려줘도, 그 단어를 자신의 삶의 정황과 연결해서 새로운 차원으로 전개해 나가기도 한다. 한번은 내가 어렸을 때 노는 장면을 나누었는데 내 영성지도자가 이렇게 응답해 주었다.
"어린 시절 노는 장면들을 이야기할 때 얼굴에서 빛이 나네요."
그 순간 나는 '어, 그랬나?' 하는 생각이 들었지만, 내 몸과 마음이 기쁨으로 채워졌다는 것이 자각되었다. 영성지도자의 반응을 듣고 나서 어린 시절 누렸던 그 기쁨을 지금 내 삶에서 어떻게 새롭게 발견할 수 있을지에 대해 얘기했던 기억이 난다.

"나는 당신이 ＿＿＿라고 말하는 것을 들었습니다." [내가 들은 것을 똑같은 말로 혹은 비슷한 말로 반복한다.]

피지도자: "결혼에 대해서 제가 끝까지 책임지지 못했다고 전 남편은 말합니다. 그런 그가 정말 잘살고 있다면 더 바랄 게 없습니다. 그는 저한테 버림받았다고 하는데, 그 말이 참 힘듭니다. 그 사람은 분노 조절에 문제가 있었어요. 저는 저 하나 희생하면 된다는 생각에 그에게 맞추고 또 맞추고 하다가…. 제가 이상한 사람이 될 것 같았어요. 제가 사라지고 없어지는 느낌? 제가 누구인지도 모를 만큼 저를 잃어버리고 있다는 생각에 이혼을 결정할 수밖에 없었어요."

영성지도자: "네, 전 남편이 분노 조절 문제를 갖고 있었음에도 나를 희생하면서 맞추려고 했지만, 나 자신이 없어지는 것 같아서 더 이상 견딜 수 없어 이혼을 선택하신 거군요."

나의 말로 핵심을 반복해 줄 때, 피지도자는 자신이 이야기를 전개하고 싶은 쪽으로 계속 나아가게 된다.

"당신은 ____ [피지도자가 행한 것 또는 느낀 것을 반복한다.] 왜냐하면 ____ [나의 추측을 지지해 주는 피지도자의 표정, 행동, 또는 어투를 말한다.]"

피지도자: "그러니까요…. 그 마음이 내려지는 것 같아요. 집착했던 모습이 보이고, 조금 알 것 같아요. 안 되는 것을 붙잡고 있었던… 그게 너무 커서 하나님도 안 보이고… 집착도 욕심이었다는 생각이 들어요. 빨리 변화시켜 달라고 조르고 있었어요. 내가 원하는 대로 해 달라고 했던 마음이 컸어요. 아내를 내가 어떻게 할 수 없는데…."

영성지도자: "네, 이제야 자유를 누리시는 것 같네요. 집착이었다는 것을 알고, 아내를 어떻게 할 수 없다는 것을 깨닫는 것을 보면요."

그러면 피지도자가 자신의 자유의 마음에 더 집중해서, 깊이 탐험을 하고 싶은 쪽으로 자연스럽게 나아갈 수 있게 된다.

"_____ 유형(pattern)이 반복되는 것 같습니다."[서로 연결된 두세 가지 양상을 간단하게 묘사한다.]

피지도자: "사귀고 있던 여자친구와 헤어지게 되었어요…. 함께 일을 하고 있는 사람들과 모여서 일을 하지 못하고 온라인으로만 하게 되니까, 관계나 공동체의 맛을 못 보고 있어요. 그러니까 별로 삶의 의욕이 없네요…. 가족들과 통화를 하긴 하지만, 뭔가 빠진 듯한 느낌이 들어서 힘든 상태입니다."

영성지도자: "관계에서의 단절을 공통적으로 경험하고 있는 것 같네요. 여자친구나 함께 일하는 사람들이나 가족들과도 깊은 연결을 하지 못하는 데서 오는 좌절이 있음을 봅니다."

피지도자가 자신의 이야기를 길게 했지만, 한두 개의 핵심 단어로 지금 경험하고 있는 것을 꿰어서 다시금 되돌려 줄 수 있다. 그래서 이런 경험을 하고 있는 근원적인 이유가 무엇인지를 더 깊이 들여다보도록 도와줄 수 있다.

오랫동안 만나 온 피지도자라면 지금까지 들었던 것과 지금의 이야기를 연결해서 돌려줄 수도 있다.

피지도자: "제가 저의 모든 것을 다해서 아이들에게 사랑을 주는데 별 반응이 없을 때 많이 속상해요."
한 피지도자는 사랑의 마음으로 상대를 섬기고 맞추는 삶을 20년 넘게 살아 왔다. 특별히 남편과 시부모와의 관계에서 그랬다. 그러나 그것이 자유를 주기보다는 자신을 점점 소진시킨다는 것을 알아차리게 되었다. 이제는 답답한 마음으로 거기에서 조금씩 벗어나려고 한다. 하지만 자녀들에게는 계속 힘에 부치도록 모든 것을 쏟아부어 사랑을 주려고 한다.
영성지도자: "내가 사랑을 주었는데 내가 원하는 대로 자녀가 움직이지 않을 때 많이 실망스럽게 느끼시네요. 남편과 시부모님에게 했던 것과 비슷하게 자녀에게도 하고 있는 것처럼 보이네요. 어떠세요?"

이렇게 흩어진 점들을 연결해 줄 때, 좀 더 큰 그림에서 자신을 볼 수 있게 된다. 그리고 자신이 알아차리지 못한 채 동일한 일을 반복하고 있음을 발견하게 된다.

이렇게 영성지도자로서 피지도자의 이야기를 들으면서 관찰하거나 알아차린 것들을 피지도자에게 돌려줄 때, 피지도자는 자신의 이야기를 계속하며, 더욱 깊게 들어가게 된다. 이제 영성지도자로서 이야기를 들으면서, 내 안에서 일어나고 경험한 것을 돌려주는 것에 대해서 살펴보자. 이는 좀 더 역동적으로 반응하면서 피지도자의 이야기가 심화, 확장되도록 돕는 것이다.

[2] 경험한 것 돌려주기

"당신이 ____라고 말했을 때, 나는 ____을 느꼈습니다."[내 안에서 일어나는 느낌을 표현한다.]

피지도자: "근데 어느 순간 '내가 하나님을 사랑하는구나. 내가 원하는 것은 하나님과의 소통이구나. 하나님이 주신 것들보다 내가 하나님을 사랑하는구나.' 하는 걸 알게 됐어요. 그것을 깨닫는 순간 마음에 큰 용기와 담대함이 생겼어요. 그때까지 가지고 있던 하나님에 대한 서운함이 싹 사라지면서 충만한 느낌이 들었어요."

영성지도자: "하나님을 사랑한다는 걸 깨달았다고 말씀하실 때 저도 온몸에 전율이 느껴졌어요. 저도 하나님으로 함께 충만해지는 느낌입니다. 기쁘네요."

피지도자의 느낌을 공명하면서 돌려줄 때 그 느낌이 증폭된다.

"당신이 ____라고 말했을 때, ____의 이미지가 떠올랐습니다." [나에게 떠오르는 이미지를 표현한다.]

피지도자: "제가 대구에 내려갈 때는 항상 부모님 집에 묵어요. 부모님은 항상 저한테 잘해 주려고 노력하세요. 저는 거기서 정말 밥만 먹고 잠만 자요. 보통 딸들이 친정 가면 설거지도 한다는데, 저는 정말 1년에 한두 번 할까 말까 해요. 기껏 제가 하는 일은 부모님과 대화하는 거예요. 그리고 '아, 밥 정말 잘 먹었다. 고마워요.' 이런 것밖에 없어요."

영성지도자: "피지도자님의 삶에 배경처럼 부모님이 함께 계시는 낙원이 떠오르네요."

때로는 되돌려 주는 이미지가 피지도자의 이야기를 또 다른 차원으로 나아가게 할 수 있다.

[3] 침묵으로 반응하기

피지도자가: "요즘 몸이 많이 아팠어요. 그래서 원래 있던 일정을 다 취소하고 집에서만 지냈어요."

영성지도자: (고개를 끄덕이며) "…."

"몸이 많이 아프셨군요."라고 반응할 수도 있지만 그냥 고개를 끄덕이며 침묵으로 반응할 수도 있다. 그럴 때 오히려 피지도자는 자유롭게 더 깊은 차원으로 들어가 자신을 알아 갈 수 있다. 영성지도자로서 침묵에 편안함을 느낄수록, 그 침묵 안에서 피지도자도 편안하게 자신의 내면을 살피며 알아차릴 가능성이 높다. 영성지도자가 깊은 침묵의 공간을 만들 때, 그 공간에서 성령님께서 친히 피지도자의 이야기를 인도해 나가시기 때문이다.

지금까지 영성지도자로서 알아차린 것과 경험한 것을 소리굽쇠 또는 공명통으로서 피지도자에게 어떻게 되돌려 주는지를 알아보았다. 이 과정에서 뭔가 대단한 통찰을 피지도자에게 주겠다는 마음으로 임하는 것은 부작용을 낳을 뿐이다. 오히려 나의 힘을 빼고 하나님과 연결된 마음에서 나오는 공명의 상태를 만드는 것이 무엇보다 중요하다. 그럴 때만 피지도자 스스로 하나님의 소리를 들을 수 있게 된다. 영성지도자의 소리가 아닌 자신의 내면의 소리를 통해 피지도자가 직접 하나님의 소리를 듣도록 해 주는 것, 그것이 바로 진정한 영성지도자의 역할이기 때문이다.

4 당신의 현존(presence)이 좋습니다

[1] 영성지도자의 현존 능력

"당신의 현존이 좋습니다."

나의 수퍼바이저가 수퍼비전을 하는 중에 나에게 한 말이다. 나는 그 말이 무슨 뜻인지 이해가 되지 않았지만 "네, 감사합니다." 하면서 어정쩡한 얼굴로 반응했다. 나중에 다른 영성지도자가 나에게 똑같은 말을 했다.

"너의 현존이 참 좋다."

그래서 이번에는 그게 무슨 뜻이냐고 곧바로 물었다.

"네가 지금 나와 대화를 하면서 함께하는 질(quality)이 높다는 뜻이야. 주의를 잘 기울이고, 잘 듣고, 거기에 따라 반응하는 능력이 좋다는 뜻이지."

어렴풋하게나마 현존의 의미에 대해 이해할 수 있었다.

그 후에 나는 내 영성지도자의 현존이 어떤지를 살펴보았다. 나와 함께하는 그분의 능력은 아주 탁월했다. 내가 하는 모든 말과 그 이면의 것까지 알아듣고 자기 내면에서 울려 나오는 반응으로 내게 돌려줄 때, 나의 이야기는 더 깊어지고 놀랍게 확장되었다. 그분과의 영성지도 시간은 카이로스(kairos)의 시간이었다. 질적으로 아주 깊이 몰입해서 언제 시간이 흘렀는지 모를 정도로 금방 지나갔다. 그분과의 경험을 통해서 나는 영성지도자의 자질 중에 중요한 부분이 바로 현존할 수 있는 능력임을 알게 되었다.

이 현존은 다음과 같은 특징이 있다. 주의를 잘 기울이고, 상대를 판단하거나 분석하지 않고 있는 그대로 받아들이며, 자신 안에 있는 하나님의 마음과 연결되어 있는 상태에서 하나님의 마음으로 함께한다. 영성지도자는 이 현존의 능력을 통해, 피지도자가 진정한 자신이 되고 자기 내면의 하나님을 새롭게 만날 수 있도록 공간을 만드는 것이다.

'그럼 현존의 능력이 약하다는 것은 무슨 뜻일까? 현존의 능력이 약할 때 어떤 일이 일어날까?'

지금 여기에 함께하는 능력이 약하기 때문에 쉽게 다른 것들에 주의를 빼앗긴다. 충분히 상대의 말을 듣지 못하고 자기가 듣고 싶은 대로, 선택적으로 듣는다. 자신의 에고에서 즉각적으로 반응하기가 쉽다. 그래서 대화가 겉에서 계속 맴돈다. 대화가 오고 가기는 하지만 그 내용의 본질을 파악해서 깊이 들어갈 수 있도록 돕는 것에는 한계가 있다.

한 영성지도자가 나와의 수퍼비전에 이런 고민을 가져왔다.

"정말 힘들었어요. 피지도자의 이야기가 겉으로 뱅뱅 돌기만 해서 핵심을 찾기가 어려웠어요. 이렇게 저렇게 물어 줘도 별 도움이 되지 않았어요. 그래서 저도 많이 지치고 좌절되었어요. 하나님께서는 분명히 그 자리에 함께하실 텐데, 왜 제가 피지도자의 이야기에 깊이 들어가지 못했을까요?"

그래서 내가 물었다.

"그때 당신의 현존 능력은 얼마나 되었습니까? 1부터 10까지 숫자로 표시한다면 어느 정도 될까요?"

그러자 그는 이야기를 멈추고 침묵에 들어갔다. 한참의 침묵 후에 이렇게 고백한다.

"아, 그렇군요. 하나님의 현존은 100%인데 저의 현존은 50%도 되지 못했네요."

"이유가 뭘까요?"

"지금 돌아보니, 영성지도 바로 전에 긴 회의가 있었고, 또 행정적으로 처리해야 할 것들도 많아서 분주하게 일하다가 급하게 영성지도에 들어왔네요. 그래서 아직 정리가 되지 않은 것들이 제 안에서 소용돌이치고 있었어요. 그리고 피지도자의 이야기는 더 큰 소용돌이를 일으켰고요."

"그렇게 말씀하시니 두 개의 소용돌이가 만나서 더 큰 소용돌이가 만들어지는 이미지가 떠오르네요."

"그렇네요. 그러니 그 소용돌이 밑에 있는 핵심은 당연히 보이지 않겠지요. 제가 좀 더 깊은 고요 속에서 현존할 수 있었다면, 피지도자가 어떤 소용돌이를 가져오든 그것을 붙들어 줄 힘이 있었을 텐데 말이에요. 이렇게 명료하게 깨닫게 되니 제 마음이 환해집니다."

피지도자들은 자신의 문제와 이야기에 매몰되어서 제대로 핵심을 파악하지 못한 채 영성지도에 올 가능성이 높다. 그렇기 때문에 영성지도자는 다른 일들로 분주했던 마음을 비우고 하나님의 현존 능력으로 채우는 시간이 꼭 필요하다. 그것이 바로 관상 기도(contemplative prayer)이다. 깊은 침묵 속에서 나의 모든 생각을 내려놓고 지금 나와 함께하시는 하나님께 온전히 나를 내어 드릴 때, 내 마음은 하나님의 마음과 현존으로 채워진다. 그렇게 그분과 하나임을 경험할 때 그분의 사랑의 현존 안에서 쉼과 평안을 누리게 된다. 그리고 그 깊은 곳에서 말씀하시는 하나님의 뜻을 더 잘 들을 수 있는 민감함이 주어진다.

그런 상태로 영성지도에 임한다고 상상해 보라. 영성지도자는 피지도자의 소용돌이와 같은 이야기 속에서도 현존하시는 하나님의 움직임을 알아차릴 수 있게 된다. 그렇게 하나님의 일하심을 함께 발견해 갈 때 소용돌이는 조금씩 가라앉게 되고, 그 하나님의 현존 앞에 우리 자신을 열고 내어 드리는 일이 일어난다. 이렇듯 피지도자와 함께하는 영성지도자의 현존 능력은 나와 함께하시고 내 안에서 역사하고 계시는 하나님께 나를 어떻게 내어 드리는지 알고 실천하는 데 달려 있다.

[2] 나의 현존이 약할 때 나타나는 전형적인 반응들

영성지도자의 현존 능력이 약할 때 나타나는 전형적인 반응들이 있다.

첫째, 딴생각을 한다. 피지도자의 나눔에서 자신과 관련된 혹은 자신의 과거 경험을 떠오르게 하는 이야기가 나올 때 자기 생각으로 빠진다. 관심과 주의가 피지도자에게서 자신에게로 옮겨지는 것이다. 때로는 세션 전에 해결하지 못한 문제가 떠오르거나 해야 할 일들이 아른거리기도 한다. 그래서 겉으로는 듣고 있는 것 같지만 실제로는 현존하지 못하고 있다. 결과적으로 피지도자의 이야기를 온전하게 파악하는 능력이 현저히 떨어진다.

둘째, 판단하는 마음이 든다. 하나님의 마음으로 들을 준비가 되어 있지 않으면 나름의 틀을 갖고 판단하기 쉽다. '또 같은 이야기네.' 혹은 '고질적인 분노 패턴이네. 음, 쉽지 않겠어.' 하면서 피지도자를 자신의 틀에 가둔다. 나아가서 피지도자를 정죄하기도 한다.
'아니, 결혼한 사람이 어떻게 유부녀를 만날 수 있어? 말도 안 돼. 당장 정리해야지.'
이런 마음이 들 때는 실제로 해결책을 제시하는 방향으로 반응하기도 한다.
"굉장히 위험한 쪽으로 가고 있네요. 자녀들을 한번 생각해 보셨어요?"
더 이상 피지도자의 이야기를 있는 그대로 들을 수 없는 것이다.

셋째, 피상적으로 위로한다. 힘들고 아픈 이야기를 가져온 피지도자에게 "너무 걱정하지 마세요. 함께하시는 하나님을 신뢰하세요. 곧 지나가게 될 거에요."라는 말들은 크게 도움이 되지 않는다. 피지도자에게 더 필요한 것은 누군가 자신의 이야기를 잘 귀 기울여 들어 주는 것이기 때문이다. 한 피지도자가 이렇게 말한다.

"저희 집 고3 아들이 게임에 빠져서 공부를 안 해요. 담임 선생님 말로는 이러다가는 4년제 대학도 못 갈 거라고 하네요. 걱정이 태산입니다. 그래서 아들에게 '대학은 가고 싶냐?'고 물어보면 대답은 '그렇다.'고 해요. 글쎄."

이 피지도자에게 위로를 한다면서 이렇게 반응한다면 어떨까?

"그래도 아드님은 대학을 가고 싶어하네요. 제가 아는 분은 아들이 아예 대학도 안 가겠다고 한대요. 댁의 아드님은 그래도 소망이 있네요. 힘내세요."

아무런 위로가 되지 않을 것이다.

넷째, 쉽게 충고한다. 영성지도자가 가장 흔하게 빠질 수 있는 함정이다. 피지도자가 이런 고민을 털어놓는다.

"기도하기가 너무 힘들어요. 일이 너무 많아서 정신이 없을 정도에요. 기도해야 한다는 것은 알겠는데 도저히 안 돼요."

이때 "그러면 누군가와 함께 짝을 지어서 해 보는 것은 어떤가요? 아주 효과적이거든요."라면서 문제를 해결하는 방향으로 가면, 피지도자의 내면 깊숙한 곳에 있는 근원적인 문제를 탐험할 기회를 놓친다. 뿌리를 건드리지 않고 해결책만 제시할 때는 삶에서 실제적인 열매를 거두는 데 한계가 있다.

이렇게 나의 현존이 약할 때는 내가 주인이 되어서 뭔가 하려고 한다. 이 영성지도의 주인이 되시는 하나님께서 직접 일하시도록 내어드리는 능력이 부족하기 때문이다. 그러면 어떻게 하면 나의 현존 능력을 키울 수 있을까?

5 나의 현존 능력을 키우는 길

[1] 나의 현존 능력을 키우는 방법들

'내가 잘못 알아듣거나 반응을 잘못해서 피지도자가 실망을 하면 어쩌지?'

이런 두려움이 영성지도 전에 올라온다.

'어, 이럴 때는 어떻게 하지? 어디로 가야 할지 모르겠네….'

영성지도 중간에 이런 생각이 올라와 난감하기도 하다.

'아이, 참, 그때 그렇게까지 말할 필요는 없었는데…. 대신 이런 반응을 해 주었더라면 더 좋았을 텐데….'

영성지도 후에 이런 아쉬움이 들기도 한다. 어떻게 하면 내면에서 올라오는 두려움과 다양한 생각으로부터 자유로워져서 점점 더 편안한 마음으로 피지도자와 함께할 수 있을까?

먼저 나는 영성지도나 수퍼비전을 하기 전에 충분한 침묵의 시간을 가지려고 노력한다. 침묵을 통해 하나님의 현존으로 채워졌을 때는 이런 생각들이 훨씬 줄어들고 피지도자에게 주의를 기울여 집중할 수 있는 역량도 커진다.

그리고 세션이 끝난 후에는 스스로를 돌아보는 시간을 갖는다. 피지도자가 하나님을 새롭게 만나는 은혜가 부어졌을 때는 그것을 충분히 감사하고 누린다. 어느 지점에서 그런 일이 일어났는지, 그때 나의 현존은 어땠는지, 하나님은 어떻게 일하셨는지 음미하는 시간을 갖는 것이다. 그때 영성지도의 주인이 내가 아니라 하나님임을 다시 확인하며, 영성지도자로서 계속 발전시켜야 할 부분을 명료하게 발견한다. 또 나 자신에 대해 혹은 영성지도에 대해 새로운 통찰이 주어지기도 한다.

물론 세션이 만족스럽지 못하게 끝날 경우도 있다. 그럴 때는 혹시 자주 나타나는 패턴이 있는지 살펴본다. 그리고 그것을 수퍼비전에 가져가거나 상담을 통해 다룬다. 이런 식으로 현존에 방해가 되는 장애물을 하나씩 알아차리면서 자유로워질 때까지 다뤄 나가면 큰 변화와 성장을 경험할 수 있다. 피지도자에게 온전히 자신을 내어 주기 위해 애씀으로써 영성지도자가 얻는 놀라운 축복이다.

피지도자와 영성지도를 하는 중에 올라오는 여러 생각들이 있다. 과거의 일과 미래의 계획이 생각나면서 자극이 되기도 하고, 어떤 때는 잠시 대화 한 토막을 놓치기도 한다. 그럴 때 나는 더 이상 생각이 진전되지 않도록 '괄호 묶기'를 한다. 그런 생각들이 떠오르는 순간, 그것을 알아차리고 한두 단어로 메모해 놓는 것이다. 그리고 다시 대화로 돌아온다. 나중에 세션이 끝나고 보면, 대부분의 생각들이 그렇게 중요한 것이 아니다. 그럼 어떻게 하면 이런 생각들을 줄이고 온전히 피지도자의 이야기에 주의를 집중하며 나 자신을 내어 줄 수 있을까?

먼저 일상에서 규칙적인 관상 기도를 실천하는 것이 도움이 된다. 나의 영적 여정의 궁극적 실재이신 하나님과 깊은 사귐을 가짐으로써 그분의 현존이 나의 온 존재를 변화시키도록 하는 것이다. 예를 들어, 나는 렉시오 디비나, 큐티(Quiet Time) 또는 이냐시오 영신수련(Spiritual Exercises) 등과 같이 말씀을 통해서 내 안에 계신 하나님의 현존 속으로 조금씩 더 들어간다. 그럴 때 사도 바울과 같이 "이제 살고 있는 것은 내가 아닙니다. 그리스도께서 내 안에 살고 계십니다."(갈 2:20)라고 고백할 수 있다.

또한 예수 기도(Jesus prayer)나 향심 기도(centering prayer) 같은 침묵 기도를 통해, 내 안에서 함께하시며 사랑으로 역사하시는 하나님께 나를 전적으로 내어 드리는 시간을 갖는다. 그럴 때 나의 에고가 추구해 왔던 안정, 인정, 통제를 위한 마음의 기제들이 조금씩 해체되면서 점점 더 하나님과 하나가 되고 그분 안에서 쉼을 누리는 상태로 변화된다. 또 성찰 기도(examen)를 함으로써 일상의 모든 일을 통해서 말씀하시는 하나님에 대한 알아차림이 더 깊어지도록 한다. 이렇게 점점 더 하나님으로 채워지는 시간을 가질 때, 그분의 마음과 눈으로 듣고 볼 수 있는 현존 능력이 커진다.

[2] 현존의 장애 요인

영성지도자 과정 초창기에 있는 영성지도자들에게 현존의 가장 큰 장애 요인은 바로 두려움이다. '내가 제대로 하고 있는 걸까? 내가 잘할 수 있을까?' 하는 두려움 때문에 온전히 피지도자와 함께하지 못한다. 이런 문제를 수퍼비전에 가져가서 다루다 보면, 위로를 얻기도 하고 자신의 내면을 알아차리는 능력도 커지면서 조금씩 자유로워진다.

목회나 상담이나 코칭의 경험이 있는 영성지도자들은 오히려 자신의 경험이 현존을 방해하기도 한다. 상담이나 코칭에서 사용하던 방법들이 자연스럽게 튀어나오기 때문이다. 이럴 경우는 새롭게 언어를 배우듯 영성지도 모드로 갈아타는 과정이 수퍼비전의 중점이 된다. 조금씩 그 과정들을 연습하면서 알아차림의 능력을 키워 가면, 내가 하는 것과 하나님께서 하시도록 내어 드리는 것의 큰 차이를 알고 자유를 누려 나갈 수 있다. 그러면서 현존의 능력도 커진다.

상담이나 코칭 경험이 있는 영성지도자든 그런 경험이 없는 영성지도 초년생이든, 공통적인 장애물은 자신이 직접 주도적으로 세션을 이끌어 가려고 한다는 것이다. 이들이 일 년쯤 수퍼비전을 받다 보면, '아, 관상적 경청은 기술이 아니구나. 결국은 관상의 상태에서 자연스럽게 나오는 예술이구나.'를 깨닫게 된다. 그래서 '어떻게 반응을 잘할까?'라는 기술적 차원에서의 관심이 '어떻게 관상 상태에 머물러서 하나님과 하나가 되어 자연스럽게 반응할 수 있을까?'라는 쪽으로 방향이 바뀐다.

결국 관상적 경청의 핵심 방해 요인은 나 자신이다. 잘해 보려고 하는 나 자신, 구해 주려고 하는 나 자신 말이다. 그러나 관상적 경청을 잘하는 길은, 내가 아니라 나와 함께하시는 하나님께서 전면으로 드러나게 하는 것이다. 현존이 부족할 때 나오는 전형적인 반응들에서 자유롭기 위해서는 하나님의 현존 앞에 나를 온전히 내어 드리는 관상기도를 세션 전과 세션 중에, 그리고 세션 후에 할 뿐만 아니라 일상에서도 계속 하는 것이 중요하다.

영성지도에서 현존의 능력이 커질 때 일상에서도 그 능력이 커진다. 거꾸로도 마찬가지다. 이런 상호 작용을 통해 내 안에서, 피지도자 안에서, 그리고 일상에서 하나님의 음성을 듣는 마음이 더 깊어지고 넓어질 때 내가 누리는 자유도 커진다. 그럴 때 하나님께서는 더욱더 많은 영혼들이 이런 자유를 누릴 수 있도록 나를 사용하신다.

6 질문의 힘(1) – 내면의 이야기와 연결

"이 사건의 쟁점은?"

혼란스러운 감정의 소용돌이에서 나오지 못하고 있는 피고인 전예슬에게 양종훈 변호사가 질문을 던진다. 이는 자신이 변호를 중단하고 피고인 스스로 변호하게 하기 위함이다.

"성관계 동영상이 몰카냐 아니냐입니다."

"그뿐인가? 몰카를 밝히려고 한 것만으로 정당방위를 주장할 수 있는가?"

"몰카를 유포하려고 했느냐 아니냐도…."

"검찰이 몰카가 아니라고 본 이유는?"

"그 동영상을 보고도 제가, 아니, 전 모 양이, 오빠에게, 아니 고 모 군에게 화를 내며 삭제하라고 하지 않았고…."

대답을 주고받는 과정을 통해서 전예슬은 비로소 자신의 감정과 객관적인 사실을 조금씩 분리해 낸다. 수치심과 혼란스러움 밑에 숨어 있던 화도 나온다.

"죽이고 싶었어요. 몰카를 찍고 그걸 유포한다고 했을 때, 이걸로 (구두를 벗어) 그 자식을 쳐 죽여 버리고 싶었습니다. 제가 신고를 안 한 건 제가 제 입으로 말하는 것이 죽기보다 싫었기 때문이었습니다."

그리고 드디어 이 사건의 진실을 직시하게 된다.
"자네가 판사라면?"
그러자 전예슬이 답한다.
"전 모 양은 성관계 동영상이 만천하에 유포되는 끔찍한 상황으로부터 자신을 지키려다 의도치 않게 고 모 군을 밀쳐 상해를 입힌 것으로, 형법 제21조 현재의 부당한 침해를 방해하기 위한 행위로서 정당방위를 인정할 것입니다."

〈로스쿨〉이라는 드라마의 한 장면이다. 마지막에 전예슬이 용기 있게 선언하는 장면을 보는 순간 내 안에 감동이 밀려왔다. 재판을 받는 내내 두려워서 포기하고 싶어하고, 고통스러워서 진실을 제대로 보지 못하고 있던 전예슬이었다. 그런 그녀에게 양종훈 변호사는 전략을 바꿔서, 다시 교수로서 질문을 던지고 그녀 스스로 답을 하게 한다. 답을 하는 과정을 통해서 자기 생각의 굴레에서 스스로 벗어나는 장면이 시원하고 후련했다. 이렇게 적절한 질문은 한 사람의 마음속에 있는 진실을 드러내고 한 영혼을 해방시키는 힘이 있다.

영성지도에서도 마찬가지다. '어떤 질문을 어떻게 던지느냐'에 따라서 피지도자의 이야기가 흘러가는 방향이 정해지고, 자신을 알아차리고 자기 내면의 진리를 발견할 가능성도 결정된다. 그만큼 중요한 것이 바로 질문이다. 그렇다면 영성지도에서 우리는 질문을 어떻게 해야 할까? 몇 가지 원리를 살펴보면 다음과 같다.

첫째, 질문의 출처를 피지도자의 이야기에서 찾는다. 피지도자가 모든 근거와 실마리를 주기 때문이다. 한 피지도자는 요즘 직장에서의 갈등 때문에 직장 생활에 대한 회의를 품고 있다.
"지금 이 직장을 떠나고 싶습니다. 출애굽처럼 말입니다."
그때 나는 이렇게 물을 수 있다.
"직장을 떠나고 싶은 마음에 대해서 좀 더 설명해 주시겠어요? 이 직장을 떠나면 선생님의 가나안은 어디인가요?"
그러면 피지도자는 자신이 하고 싶었던 이야기를 할 수도 있고 아니면 미처 생각해 보지 않았던 이야기가 전개될 수도 있다.

"그럼 먹고사는 것은 어떻게 하려고요?"
이 질문은 피지도자가 회사를 그만두게 될 때 오는 경제적인 문제를 걱정을 하는 나 자신에게서 나온 것이다. 그러나 질문이 피지도자의 이야기 속에서 나올 때는 막연했던 이야기가 점점 분명해진다. 그러면서 마음 깊은 곳에 있는 자신의 진정한 사명을 새롭게 발견을 할 수도 있고 직장 생활에 대한 시각이 바뀔 수도 있다. 처음부터 '그것은 말도 안 되는 소리'라며 내 마음대로 방향을 돌렸다면 이런 놀라운 얘기들이 나오지 못한다. 물론 이 직장이 자신의 사명과 연결된 곳이 아님을 발견할 수도 있다. 어떤 결론이든 간에, 마음 깊은 곳까지 내려가서 나를 향하신 하나님의 뜻을 발견하고 따를 때 주어지는 자유를 경험할 수 있게 된다.

둘째, 질문의 동기가 중요하다. 내가 궁금해서 묻는 것이 아니라, 피지도자의 이야기가 전체적으로 잘 파악되도록 질문을 던져 줄 필요가 있다. 피지도자가 이야기를 하면서 스스로 진실을 발견하도록 도와주려는 동기로 물어 주는 것이다.

"저는 먼저 생존을 해야 되기 때문에, 목사이지만 일반 직업을 구할 생각입니다. 그래서 알아 봤는데 우편 배달이 떠오르더라고요."

듣는 나는 왜 이 피지도자가 우편 배달에 관심이 있는지 알고 싶을 수도 있다. 아니면 우편 배달 말고 다른 것을 생각해 보았으면 하는 마음이 들 수도 있다. 그래서 "왜 하필 우편 배달이죠?"라고 물으면 왜 우편 배달이어야 하는지 쪽으로 이야기가 흘러갈 것이다. 나의 궁금함으로 질문을 던지면 내가 피지도자의 이야기를 몰고 가게 된다.

반면에 좀 더 열린 마음으로 이렇게 반응할 수 있다.
"좀 더 얘기해 보시겠어요?"
여기에는 나의 의도(agenda)가 전혀 들어 있지 않다. 완전히 열린 질문이기 때문에 피지도자가 마음껏 자신이 가고 싶은 쪽으로 갈 수 있다. 피지도자에게 공간을 내어 주는 질문이다. 또는 좀 더 구체적으로 "우편 배달이라…. 좀 더 설명해 주시겠어요?"라고 질문할 수도 있다. 그러면 우편 배달을 생각한 이유와 계기에 대해서 스스로 중요하다고 여기는 것을 중심으로 풀어 나갈 수 있게 된다.

'왜'라는 질문은 머리를 쓰게 만들 가능성이 있는 반면, "좀 더 얘기해 주시겠어요?"는 피지도자가 편한 쪽으로 자유롭게 갈 수 있도록 해 준다. 그러므로 물음을 던지기 전에 '이것이 내가 궁금해서 묻는 것인가? 아니면 피지도자의 이야기가 더 깊은 곳으로 들어가게 해 주려고 묻는 것인가?'를 살펴볼 필요가 있다. 이런 분별 질문을 한 후에 질문하는 연습을 하면 도움이 된다.

셋째, 사실에 대해 질문한다. 무엇(what)에 대해서 묻는 것이다. 누가복음에서 엠마오로 내려가는 제자들에게 예수님께서 물으셨다.
"무슨 일이 있었던 것이냐?"
요한복음에서도 두 제자가 예수님을 따라올 때 그분은 이렇게 물으셨다.
"너희가 무엇을 구하느냐?"
그 물음을 들은 제자들은 어떤 일이 있었는지, 무엇 때문에 예수님을 따르고자 하는지 이야기를 하게 된다. 이렇듯 사실을 파악하는 질문은 지금 피지도자가 어떤 상태에 있는지, 무엇을 제대로 알지 못하는지 이해할 수 있게 해 준다. 좋은 질문은 짧으면서도 핵심을 찌른다.

"오늘 얘기하고자 하는 초점이 무엇입니까?", "그렇게 상황이 급박하게 돌아갈 때 마음은 어떠셨어요?", "무엇이 가장 힘드셨어요?", "그때 떠오르는 생각은 무엇이었습니까?", "선생님이 가장 감동을 받은 것은 무엇인가요? 어떤 부분이 가장 마음이 아팠나요?"

이런 질문들은 마음속에 있는 진실을 전체적으로 파악할 수 있도록 도와준다.

넷째, 피지도자의 느낌에 대해 질문한다. 피지도자가 회사 동료에 대해 불만을 이야기하고 있다. 피지도자가 낸 기획안을 아무 말도 없이 자기 기획안인 것처럼 제출했다는 것이다. 이때 "내 기획안이 그렇게 제출되었다는 걸 알았을 때 느낌이 어떠셨어요?"라고 물어 줄 수 있다. 피지도자는 "아, 많이 당황스럽고 또 불쾌했어요."라고 말하면서 자신에 대해 좀 더 깊이 인식할 수 있다. 또한 자신이 성취한 많은 일들을 이야기하고 있는 피지도자에게 "그렇게 많은 일들을 성취한 것을 나누는 지금 느낌은 어떠세요?"라고 물어 주면, 다시금 자신의 내면으로 와서 그 일들과 자신의 마음을 연결하게 된다.

"네, 정말 기쁘고 행복해요. 그러니까 눈물이 나려고 하네요."
"그러면 지금 그 기쁨과 눈물에 한번 잠시 머물러 볼까요?"

이런 초대의 물음은 피지도자가 자신의 마음과 연결되게 도와준다. 그리고 느낌에 깊이 머물게 될 때 그 경험이 심화 확장되는 공간이 만들어진다.

다섯째, 피지도자의 마음 밑에 있는 욕구(desire)에 대해 질문한다. 예수님께서 베데스다 연못에서 38년이나 누워 있던 병자를 보시고 "네가 낫고 싶으냐?" 하고 물으셨다(요 5:6). 겉으로는 낫고 싶어서 여기에 와 있는 것 같지만, '병이 오래된 줄 아시고' 그 속에 희미해졌을 첫 마음, 간절히 낫고 싶어하는 마음을 일깨우셨던 것이다. 몰라서 물으신 것이 아니라, 그 질문을 통해서 그의 내면 깊숙한 곳에서부터 나오는 생명의 에너지를 끌어내 주기 위한 것이었다.

'그래, 내가 낫고 싶어서 여기에 왔지! 그런 바람이 내 안에 있었지!'

그렇게 자신 안에 있던 욕구들과 연결되었을 때 병자는 뭔가 행하고자 하는 에너지를 느꼈을 것이다. 그때 예수님께서는 "일어나서 네 자리를 걸어 가지고 걸어가거라."(요 5:8)라고 말씀하신다. 그런 예수님의 초대에 반응할 수 있는 힘이 이미 그 병자 속에 있었기에 그는 자리를 걷어 걸어 나갈 수 있었다. 영성지도자는 이런 식으로 물음을 통해서 피지도자 내면에 잠자고 있던 욕구를 일깨우는 사람이다.

미국에 오기 전에 풀타임 사역을 하고 있을 때였다. 영성 공부를 하고 싶어하는 나에게 한 선생님이 물으셨다.

"자네가 원하는 모든 능력과 돈이 주어졌다면, 그것으로 뭘 해 보고 싶은가?"

그 질문은 고정관념에 갇혀서 걱정하고 주저하고 있던 나를 해방시켜 주었다.

'나는 나이도 많고 영어도 못하고 돈도 없고 실력도 없는데, 어떻게

공부를 하지?'

 그렇게 나 스스로를 가둬 놓고 내 마음의 소원마저도 내려놓은 채 현실에 맞춰 살려고 할 때 나를 일으켜 준 물음이었다. 물음을 통해서 '뭔가 하고 싶은 마음'을 마음껏 만나도록 해 주면, 그것을 구체적으로 실현할 수 있는 길들을 만들어 갈 힘이 생긴다.

 "하나님께서 우리 마음 깊숙한 곳에 소원을 심어 두고 행하게 하시기 때문이다."(빌 2:13)

 마음 깊숙한 곳에서 올라오는 소원을 알아차릴 때, 단순히 상황에 맞춰 사는 삶을 넘어 없던 길을 만들면서 나아갈 에너지가 생긴다. 이 것은 '하나님의 소원'을 알아차리도록 물어 줄 때 나오는 힘이다.

 물론 이 소원이 나 자신의 욕심에서 나온 것인지 아니면 하나님께서 주신 것인지 잘 분별할 수 있도록 돕는 것 또한 중요하다. 때로는 내가 하고 싶다고 하는 것이 하나님에게서 나온 것이 아닐 수 있기 때문이다. 그러나 영성지도를 통한 분별의 과정을 함께해 나가면서 하나님의 주파수와 나의 주파수가 일치할 때는 놀라운 일들이 일어난다. 나의 소원과 하나님의 소원이 일치되는 것을 확신할 때는 세상이 감당할 수 없는 사람이 된다. 나의 내면에서부터 나오는 추진력, 평안, 자유, 사랑이 그 어떤 장애물도 넘어갈 수 있게 하기 때문이다.

7 질문의 힘(2) – 사회, 문화의 이야기와 연결

중학교 때 미국으로 공부를 하러 와서 모든 과정을 마치고 지금은 결혼해서 한국에서 일하고 있는 피지도자가 있다. 그는 요즘 정신없이 바쁘다. 직장에서의 일도 너무 많고, 개인 시간이 날 때는 같은 아파트에 사시는 부모님도 섬겨야 하고 아내와도 시간을 보내야 한다. 그러고 나면 자신만을 위한 시간이 없어서 힘들고 피곤하다.

모든 것을 다 잘하려고 하는 그에게 나는 이렇게 묻는다.
"일, 부모님, 아내, 나 자신 중에 가장 중요한 우선순위가 무엇인가요?"
현재 어떤 가치관을 따라 살고 있는지 묻는 것이다.
"지금은 일이 제일 우선이고 그 다음에 부모님, 아내예요. 저는 맨 나중이고요."

"다시 조율한다면 어떻게 하고 싶습니까?"
사회가 요구하는 가치관이 아니라 자신의 가치관은 어떤지 묻는 것이다. 그럴 때 자신의 삶에서 균형이 깨져 있음을 알아차린다. 한국 문화 속에 살면서 자신도 모르게 경계선을 명료하게 하지 못한 채 무거운 짐을 지고 있음을 깨닫는다.

"나 자신과 아내를 위한 시간을 먼저 떼어 놓고, 남은 시간에 일도 하고 부모님과의 시간도 갖고 싶어요."

한국적 문화가 내면화된 데서 나오는 무거움을 내려놓고 자신의 가치관에 따라 우선순위를 조율함으로써 자유를 경험한다.

한 걸음 더 나아가 이런 물음을 던져 준다.

"이 가족 시스템에서 가장 소외된 사람은 누구입니까?"

뜻밖에 아버지가 떠오른다. 아무 말 없이 그냥 사랑하고 내어 주시는 아버지에 대한 시간과 배려가 가장 약하다는 것을 알게 된다. 이러한 자각을 통해서 자신의 시간과 에너지를 어떻게 쓸 것인지 선택할 수 있게 된다. 이와 같이 한 개인의 고민과 갈등은 많은 경우 가족과 사회 문화라는 더 큰 구조와 연결되어 있다. 그러므로 전체적인 시스템 속에서 문제를 바라보고 풀어 갈 수 있도록 물어 줄 때, 좀 더 온전하고 균형 잡힌 삶에 대한 안목을 가질 수 있다. 하나님께서는 개인의 내면만이 아니라 개인이 맺고 있는 관계, 공동체, 세상 안에서도 일하고 계시기 때문에 전체를 같이 볼 수 있도록 물어 주는 것이 중요하다.

요약하면, 피지도자가 자신이 속한 사회와 문화라는 관점에서 자신의 이야기를 볼 수 있도록 물어 주는 것이 도움이 된다. 왜냐하면 한 사람의 이야기는 단순히 개인적 차원을 넘어서 그가 속한 사회와 깊이 연결되어 있기 때문이다. 더 큰 구조 속에서 자신의 이야기를 비춰 볼 때 새로운 이해가 생길 뿐만 아니라 거기에서 자유로워질 수 있는 가능성도 주어진다.

피지도자가 자기 이야기에 빠져 있을 때 거기서 벗어날 수 있도록 돕는 또 다른 방법은 이미지나 은유를 사용해서 물어 주는 것이다. 서울에 있는 대기업에서 근무하는 한 피지도자가 지금 하고 있는 일을 계속해야 할지 아니면 지방으로 내려가 건물을 구입해서 인문학을 가르치는 삶을 살아야 할지 분별하고 싶다며 영성지도에 왔다. 사실 이 피지도자는 후자의 삶을 오랫동안 꿈꾸어 왔고 나름의 준비도 해 왔다. 하지만 경제적인 필요 때문에 그 꿈을 실현하기 위한 걸음을 선뜻 내딛지 못하고 있었다. 어느 쪽으로 마음이 기울어지는지 본인도 알기 어려운 상황이었다.

피지도자가 음악을 좋아한다는 것을 알고 있었기 때문에 나는 이렇게 물었다.
"이 두 곳을 음악으로 비유해 보면 어떤 류의 음악이 될까요?"
그러자 피지도자가 눈을 반짝거리며 대답한다.
"이쪽은 서양 고전 음악 같고 저쪽은 현대 대중음악 같아요."
어떤 면에서 그러한지, 본인은 어떤 음악을 더 좋아하는지, 왜 그런지 얘기를 하면서 자신의 마음이 어느 쪽으로 기우는지 조금씩 명료해진다. 자신의 생각 속에 빠져 있을 때는 보이지 않던 것들이 비유를 통해서 새롭게 알아차려지고 가슴 깊은 곳에서 올라오는 에너지와 자유를 느낄 수 있었다.

이렇게 이미지나 은유는 자신의 현실을 약간 떨어져서 다른 각도로 보게 함으로써 신선한 놀라움을 맛볼 수 있게 한다. 앞에서는 음악을 예로 들었는데, 사용할 수 있는 이미지나 은유는 다양하다. 예를 들면 "지금 말씀하신 것이 드라마라고 한다면 이번 에피소드의 제목을 뭐라고 하겠습니까?" 혹은 "만약 지금의 현실이 책의 한 챕터라면 다음 챕터는 어떻게 쓰고 싶습니까?"라고 질문할 수 있다. 조금 멀리서 자신의 과거와 미래와 함께 현재를 바라볼 때 새로운 통찰이 일어나기도 한다. 또 작가로서 자신의 삶을 보면서 좀 더 용기 있게 새로운 이야기를 만들어 나갈 힘을 얻기도 한다. 이미지와 은유를 사용해서 물을 때 총체적인 진실을 알아차릴 수 있는 가능성이 많아지기 때문이다.

한번은 수퍼비전을 받을 때 수퍼바이저가 내게 이런 질문을 던졌다.
"영성지도 하면 어떤 이미지가 떠오르나요?"
내게 떠오른 이미지는 광산에서 금을 캐는 광부의 모습이었다. 그 이미지를 탐색해 갈 때 영성지도자의 정체성과 관련해서 새로운 깨달음이 올라왔다.
'영성지도자로서 모든 것을 다 알아야 하는 것은 아니구나.'
광부로서 금을 캘 때 내가 볼 수 있는 곳은 1~2미터 반경이다. 저 멀리까지 보지 못해도 지금 내 앞에 보이는 부분을 파 나갈 수 있으면 된다. 뭔가를 많이 잘 알아야만 영성지도를 잘할 수 있을 것 같다는 부담

감에서 자유로워지는 시간이었다. 지금 나의 현실과 비유의 세계를 왔다 갔다 하면서 얻게 된 새로운 통찰이었다.

8 질문의 힘(3) – 하나님의 이야기와 연결

내가 처음으로 영성지도를 받을 때의 일이다. 유학을 와서 적응하는 중이라 언어도 안 되고 공부에 대한 스트레스도 크다는 얘기를 나누었다. 그때 나의 영성지도자가 이렇게 물었다.

"이 모든 것 가운데 하나님은 어디에 계십니까?"

"네? 무슨 말씀인지요?"

"하나님께서 어디에 계시냐고요?"

"…."

나는 눈만 끔벅거리고 있었다. 그러자 내 영성지도자는 괜찮다고 하면서 지나갔다. 이해도 못 하고 대답도 못 했던 물음이어서 그런지 내 가슴에 오랫동안 남게 되었다. 나중에 영성지도를 배우고 안내하면서 나는 이 물음을 이렇게 바꿔서 던져 준다.

"이 이야기 속에 하나님께서는 어떤 모습으로 함께하고 계신가요?"

"혹시 하나님께서 이야기를 다 듣고 말씀하신다면 뭐라고 하실까요?"

"이런 나를 보시고 하나님은 어떤 반응을 하실까요?"

"잠시 침묵으로 하나님의 음성을 한번 들어 볼까요?"

이런 질문을 통해 많은 경우 피지도자는 하나님을 깊이 만나게 된다. 내가 누구인지를 새롭게 만나기도 한다. 더 깊은 하나님의 신비의 영역으로 들어가기도 한다. 하나님께서 함께하고 계셨다는 것 하나만으로도, "내가 다 안다." 혹은 "내가 너를 사랑한다."는 하나님의 말씀 한마디만으로도, 그동안 이해가 되지 않고 힘들기만 했던 마음이 스르르 녹기도 한다. 하나님의 현존 안으로 들어가 그분의 뜻 안에서 자신의 모든 것을 내려놓는 일이 일어나기도 한다. 이렇게 '나에게서 하나님께로' 차원 이동이 일어나는 것이 바로 영성지도이다.

이렇게 하나님과 연결하게 하는 물음은 영성지도가 중후반으로 넘어갈 때쯤 하는 것이 효과적이다. 이야기가 거의 다 나온 시점에서, 하나님의 마음과 관점으로 자신의 이야기를 되돌아볼 수 있도록 해 주기 때문이다.

한 피지도자가 여름 내내 많은 고민을 하며 지냈다고 이야기한다. 그 이야기를 다 듣고 이렇게 초대해 줄 수 있다.
"아, 이 더운 여름에 그런 어려운 시간을 경험하셨네요. 하나님께서 당시에 어떻게 함께해 주고 계셨는지 잠시 머물러 보는 시간을 가져 볼까요?"
이런 침묵으로의 초대는 미처 깨닫지 못했던 하나님의 임재와 하나님의 뜻을 새롭게 알아차리고 자기 중심에서 하나님 중심으로 이동을 할 수 있는 좋은 기회가 된다.

피지도자의 이야기를 하나님과 연결하게 하는 다른 방법은 성경 인물이나 성경의 이야기와 연결하게 하는 물음을 던지는 것이다. 이미지와 은유를 사용해서 묻는 물음과 유사하다.

한 피지도자는 자신의 솔직한 신앙관과 가치관을 말하지 못한 채 살아가고 있다. 교회 공동체에서 자신의 진실을 표현하지 않는 것이 안전하기는 하지만 뒤로 한 발 물러서 있는 자신의 모습이 만족스럽지 못하다. 그때 "혹시 성경의 인물 중에 나와 비슷한 처지에 있는 사람이 있습니까?"라고 물어 준다. 아리마대 사람 요셉이 떠오른다. 유대 공의회원으로서, 예수님에 대해 호의적이었지만 사회적 지위 때문에 자신의 진실을 겉으로 드러낼 수 없었던 사람이다. 그러나 예수님께서 십자가에 돌아가셨을 때, 그는 자신의 무덤을 내어 주고 예수님을 장사 지냈다. 제자들이 다 도망을 갔을 때, 그는 용기를 내서 자신의 신념을 표현했고 그로 인한 자유를 누렸다. 피지도자는 아리마대 사람 요셉의 이야기와 자신의 이야기를 연결하면서, 겉과 속이 일치하는 진정성 있는 삶을 선택하고자 하는 용기를 갖게 되었다.

고통과 좌절을 경험하는 피지도자들은 성경의 인물 중에 욥이나 요셉을 자주 떠올린다. 잠시 그들의 삶을 묵상하고 살펴보면서 위로를 받기도 하고 새로운 도전을 받기도 한다. 이렇듯 나의 작은 이야기가 성경의 이야기와 연결될 때는 훨씬 더 크고 넓은 시각으로 현실을 보게 된다. 그럴 때 주어지는 새로운 소망과 용기와 결단이 있다. 이것이 성경의 이야기와 나의 이야기가 연결될 때 오는 놀라운 은혜이다.

지금까지 살펴본 것처럼, 영성지도에서의 물음은 나의 내면을 깊이 파악하게 하고 그 안에 있는 생명력을 일깨우기도 한다. 내면에서부터 사회와 문화, 그리고 하나님의 이야기에 나 자신의 현실을 비춰 보게 한다. 그리고 하나님께로 나의 마음을 열고 하나님의 뜻과 마음을 받아들이는 데서 오는 변화를 경험하게 한다.

"하나님은 어떤 분이신가?"
"나는 하나님 안에서 누구인가?"
"나를 살아 있게 만드는 순간은 언제인가?"
"나는 무엇을 하고 싶은가?"
"이것을 통해서 하나님께서는 뭐라고 말씀하시는가?"
"가장 화가 나는 것은 무엇인가? 그 밑에 어떤 욕구가 채워지지 않아서인가?"
"사회의 어떤 가치가 내 안에서 작동하는가?"
"하나님의 이미지는 무엇인가? 나에 대한 이미지는 무엇인가?"

나는 이런 다양한 물음들을 만나면서 나의 이야기를 새롭게 만들어 왔다. 그 덕분에 나의 근원이 되시는 하나님과의 연결이 깊어졌고 나 자신과의 만남도 점점 깊어졌다. 그렇게 나와 하나님과의 만남이 깊어질 때, 이웃들과 공동체와 세상의 문화와도 새로운 만남을 가질 수 있었다. 그럴 때 오는 평안과 생명력과 사랑이 지금까지 나를 이끌어 왔다. 이렇게 근원적으로 나 자신과 사회와 하나님을 볼 수 있도록 물어 주고 함께해 주었던 많은 동반자들, 영성지도자들 덕분에 내가 지금 여기에 있는 것이다. 나의 이야기가 이 사회의 이야기와 연결되도록, 나아가 하나님의 이야기까지 연결되도록 해 주었던 이 물음들을 나는 오늘 나와 함께하는 영혼 영혼들에게 물어 주고 있다.

9 마무리하며

솔로몬이 지혜로운 분별과 판단을 할 수 있었던 이유는 듣는 마음을 가지고 있었기 때문이다. 하나님과 하나가 된 상태에서, 하나님의 눈과 마음으로 모든 것을 보고 듣고 결정하려는 마음 때문이었다. 하나님 안에서 안식을 누리면서 하나님의 마음과 연결이 된 상태, 즉 관상의 상태에서 살았기 때문이다.

관상적 경청은 하나님과 하나가 된 상태에서 듣고 반응하는 것이다. 하나님의 마음이 될 때, 진정으로 하나님과 같이 들을 수 있는 힘이 주어진다. 거기에서 나오는 반응 또한 관상적이 된다. 상대를 있는 그대로 받아들이고 품으면서 간단한 관상적 반응을 해 줄 때, 꼬인 실타래가 하나씩 풀려나가듯이 상대의 이야기가 점점 더 명료해진다. 그리고 상대는 이야기를 하면서 하나님께 점점 더 가까이 가게 된다. 하나님의 뜻과 더 잘 조율되면서 자유를 경험하게 된다.

관상적 반응은 상대의 마음과 이야기를 잘 받아 공명해서 되돌려 주는 것이다. 그럴 때 상대는 자신 안에서 일어나는 울림을 더 잘 들을 수 있다. 스스로 자신 안에 계시는 하나님으로부터 나오는 소리에 반응할 수 있는 힘이 주어진다. 나의 역할은 하나님께서 상대의 이야기 가운데 직접 역사하셔서 말씀하시도록 공간을 내어 주는 것이다.

　이런 기본 태도를 유지하면서, 내 안에 주어지는 하나님의 마음과 생각, 그리고 이미지들을 부드럽게 되돌려 준다. 그럴 때 그것이 하나님께서 원하시는 것이라면 상대가 받아서 자신에게 필요한 방향으로 하나님과 함께 풀어 나간다. 질문을 돌려줄 때도 상대는 자신의 내면을 더 탐험하게 된다. 또 사회와 문화의 맥락 속에서 자신을 보게 된다. 하나님의 이야기에 자신의 이야기를 연결하여, 하나님의 마음과 관점을 알게 되고 새로운 변화를 경험할 수 있게 된다.

　관상적 경청과 반응의 뿌리는 관상기도이다. 관상기도를 통해 자신의 현존 능력을 키울 때, 진정한 공명통이 되어 하나님께서 마음껏 일하시도록 공간을 만들 수 있고 하나님과 함께 일할 수 있게 된다. 그럴 때 나의 현존을 통해서 한 영혼이 자신을 발견하고 하나님을 알고 그 하나님과 동행하는 삶을 살게 된다. 나는 하나님께서 하시고자 하시는 일의 통로가 되는 것이다. 엘리자베스 캔햄(Elizabeth Canham)은 이를 이렇게 표현했다.

　"마음으로 듣기를 배우는 것은 우리를 관찰자에서 참여자가 되도록 합니다. 은총과 가능성이 가득한 세상 안에서 창조주와 함께 일하는 존재가 되도록 말입니다."

III

피지도자의 이야기

1 '어디로 가느냐'보다 '누구와 함께 가느냐'

"하나님께서 A라는 교회로 부르시는지 B라는 교회로 부르시는지 잘 모르겠어요."

자신의 사역지를 놓고 분별하고자 하는 경미의 질문이다.

주제를 꺼내 놓았지만, 한참을 얘기해도 초점이 명확하지 않다. 이야기가 계속 반복되는 느낌이 든다. 이런 사람은 말을 하는 과정을 통해서 스스로 정리가 되기도 한다. 그렇게 혼란스럽고 초점이 없고 무엇을 어떻게 해야 하는지 모르고 하는 말들을 누군가 들어 주는 시간이 필요한 것이다. 그러니 중간에 개입하기보다 이야기를 하면서 스스로 뭔가 감을 잡을 때까지 함께 있어 주는 것이 중요하다.

그러나 어느 정도 말을 다 했음에도 여전히 어디로 더 깊이 들어가야 하는지 모르는 시점이 있다. 그럴 때 나는 주로 침묵으로 초대한다.

"이야기를 다 하고 난 지금 어떤 마음이 올라오는지 침묵 속에서 한 번 들어 보겠습니다."

침묵으로 초대를 하는 것은, 과거 이야기에 머무는 것이 아니라 그 이야기를 하고 있는 지금 내가 무엇을 느끼고 생각하는지를 알아차리도록 하기 위함이다. 지금 여기에서 말씀하시는 하나님께 나의 마음을 향하는 것이다.

때로는 이렇게도 물어 준다.
"지금까지 이야기를 했는데, 하나님께서는 어디에 초점을 두고 좀 더 깊이 들어가기 원하시는지 한번 들어 보겠습니다."
이 침묵은 자신을 좀 더 비울 수 있는 공간을 마련해 준다. 과거에서 현재로, 자신에게서 하나님에게로 차원 이동이 일어날 가능성이 주어진다. 그래서 이야기가 더 생생한 지금의 이야기로, 더 넓혀진 하나님 관점에서의 이야기로 변화되기도 한다.

처음에 경미는 하나님께서 자신을 어떤 교회 공동체로 인도하실까로 시작했지만, 침묵 속에서 누가복음에 나오는 마르다가 떠올랐다. 주님을 초대해 놓고는 음식을 준비하느라 분주하게 왔다 갔다 하는 마르다 말이다. 정작 주님께 무엇이 필요하고, 무엇이 더 편한지 알아차리지 못한다. 자신의 방식대로 대접하고자 하기 때문이다. 거기에서 나오는 불안하고 걱정되는 마음이 있다. 그래서 핵심이 무엇인지도 알 수 없었다.

좀 더 깊이 들여다보니, 경미의 마음 깊은 곳에는 어느 교회로 가든 욕을 먹을 것에 대한 두려움이 있다. 그래서 '욕먹지 않는 길이 어디인가?'에 초점을 두고 눈치를 보고 있는 것이다. 그러자 더 깊은 곳에서 "이제는 나에게 더 초점을 맞추고 네가 자유로웠으면 좋겠다."라는 주님의 초대가 들린다. 침묵 속에서, 그동안 두려움 때문에 들리지 않았던 주님의 음성을 듣고 새로운 통찰을 얻은 것이다.

경미는 어떤 곳으로 가든, 그곳에 있는 사람들과 함께하면서 뭔가를 잘하려고 하는 마음이 있다. 하지만 그런 만큼 주님을 의식하고 주님과 함께 동행하면서 일하고 싶어하는 마음은 보이지 않았다. 이런 알아차림을 내가 그대로 되돌려 주자, 비로소 자신이 무엇이 약했는지를 깨닫는다. 주님과의 수직 관계, 그리고 사람들과의 수평 관계, 이 두 관계의 균형이 깨졌을 때 생긴 분주한 마음, 걱정되는 마음이 진짜 문제의 근원이었던 것이다. 그런 마음으로는 어느 쪽으로 가든, 마음 깊은 곳에서 나오는 부르심에 대한 확신이 주어지지 않기 때문이다.

이제 이런 마음을 알았기 때문에, 이 마음을 주님께 들고 나아가 내어 드린다. 그럴 때 주어지는 자유가 있다. 어떤 곳이든 상관이 없는 마음, 어느 쪽이든 치우치지 않는 마음, 즉 불편심(不偏心, indifference)이 생기는 것이다. 이런 자유의 마음을 경험할 때, 주님께서 어느 쪽으로 부르시든지 상관 없이 기쁨으로 따를 수 있게 된다. 자신의 두려움과 걱정되는 마음에서는 어느 쪽으로도 선택을 할 수 없었던 것과는 대조가 된다.

이런 자유의 마음을 갖게 되면, 문제보다 더 크신 주님이 보인다. A냐 B냐보다는 어느 쪽이든 누구와 함께 가느냐, 어떤 마음으로 가느냐가 더 중요한 것이다. 이렇게 반복되는 표면적 이야기에서 깊은 내면으로 들어가도록 초대를 해 줄 때, 피지도자는 주님을 새롭게 만나고 자유를 경험하게 된다. 그럴 때 어떤 장소를 넘어서, 늘 자신과 함께하시는 주님과 동행할 수 있는 능력이 자라난다. 이렇게 피지도자가 문제나 두려움보다 크신 주님과 더욱더 깊은 동행을 할 수 있도록 함께하는 것이 영성지도의 본질이다.

2 "기쁨 없이 사는 것이 인생 아닌가요?"

"삶에 무슨 기쁨이 있어요? 그냥 이렇게 기쁨 없이 사는 것이 인생 아닌가요?"

이냐시오 영신수련으로 처음 만났을 때 은주가 한 말이다. 그리고 오늘 세션에 은주는 다음과 같은 초점을 가져왔다.

"예수님이 부활하시고 베드로를 만나는 장면이 마음에 많이 남아서요. 그것을 가지고 좀 더 저를 돌아보고 싶어요."

은주는 베드로처럼 자기 힘으로 자신의 삶을 통제할 수 있다고 생각했다. 그러나 예수님을 부인함으로써 깊은 좌절을 경험하는 베드로와 자신이 오버랩되는 것을 발견했다.

"나는 그러지 않을 줄 알았는데… 내가 나를 통제할 능력이 없는 존재였네요…."

그러나 좌절의 나락에 떨어졌던 베드로는 자신의 실체를 보고 나서 사실은 내적으로 더 깊어졌다. 어떻게 보면 겸손(humility)하게 되는 과정에 굴욕(humiliation)은 필수적일지도 모른다.

예수님은 그런 베드로를 직접 찾아가서 만나신다. 장소는 디베랴 바닷가. 동틀 때까지 고기를 잡지 못한 채 허탕을 치고 허기져 있을 제자들을 위해서 생선을 굽고 계신 예수님의 모습이 마음에 와닿는다. 아주 평화로우신 모습이다. 그 모습을 보고 어느 누구도 감히 말을 꺼내지 못한다. 침묵 속에서 죄송한 마음만 꾸물꾸물 더 올라온다. 베드로가 다 먹을 때까지 묵묵히 기다리신 주님께서 물으신다.

"요한의 아들 시몬아, 네가 이 사람들보다 나를 더 사랑하느냐?"

그 물음을 통해서 베드로는 자신이 주님을 배반한 이유가 진정으로 주님을 사랑하지 못했기 때문임을 깨닫는다. 막연히 자신이 뭔가 부족해서 그랬다는 것은 짐작했지만, 주님의 물음을 통해서 '내가 사랑이 없어서 그랬구나.'라는 깊은 깨달음을 얻는다.

"주님, 그렇습니다. 내가 주님을 사랑하는 줄을 주님께서 아십니다."

이제서야 베드로는 마음 깊은 곳에서 나오는 사랑의 고백을 한다. 그러자 주님께서 그에게 말씀하신다.

"내 어린 양 떼를 먹여라."

주님은 베드로를 신뢰하며 자신이 친히 했던 사역을 그에게 맡기신다. 관계의 회복만이 아니라 새로운 사명을 주신 것이다.

은주는 베드로와 주님의 관계를 베드로의 두려움과 주님의 평화라는 두 축으로 본다. 은주는 코로나 상황을 지나면서 "두려워하지 말라."는 말씀에 순종하는 것이 얼마나 힘든지 경험했다. 또한 주님께 나아와 조금씩 더 깊은 사랑의 관계를 가질 때 두려움이 사라지는 것도 경험했다. 두려움이 사라질 때, 자신의 마음이 얼마나 자유롭고 평화로운지도 알게 되었다.

"그러면 두려움이 아닌 사랑과 평화의 마음으로 살아가는 것은 어떤 모습일까요?"
"지금까지 보지 못했던 것들을 새롭게 볼 수 있는 마음으로 살아갈 것 같아요."
은주의 대답이다.

은주의 삶에는 아직도 해결되지 않은 많은 문제들이 있고 도저히 풀릴 것 같지 않은 막힌 관계도 있다. 그리고 자신의 사명이 무엇인지도 명확하지 않은 상태이다. 하지만 주님께서 베드로에게 "다른 사람들이 너를 묶어서 네가 바라지도 않는 곳으로 데려갈 것이다."라고 했을 때 이전처럼 발끈하는 마음이 올라오지는 않는다. 베드로가 깊은 좌절을 겪고 나서 이러한 주님의 말씀을 받아들일 수 있게 된 것처럼, 은주도 실패와 좌절의 시간을 지나 이제는 자신의 삶으로 돌아가라는 주님의 말씀을 열린 마음으로 받아들일 준비를 하고 있다. 주님께서 지금까지 자기를 기다려 주셨다는 것을 깨닫는 데서 오는 평강이 있기 때문이다.

이렇게 하나님의 사랑과 평화로 조금씩 채워질 때 '어, 이런 것도 하나님의 모습이었어?'라며 깨닫는 일들이 많아질 것이라고 기대한다. 지금까지는 두려움 때문에 생존에만 매몰되어 있었다. 이제 두려움을 내려놓으면 안 들리던 말들이 들리고 안 보이던 것들이 보일 것이다. 전에는 왜 이런 일들이 생겼는지 원인을 알고 시비를 가리려는 마음이었지만, 이제는 '일은 생기기 마련이다.'라는 마음으로 좀 더 가볍게 갈 수 있다. 그러면 성가시거나 불편했던 일들도 새롭게 볼 것이다.

"하나님이 여기에 계시다.'라고 했던 프란치스코가 떠오르네요."
은주의 이야기를 들으면서 내게 떠오른 이미지를 얘기해 준다.
"그는 어떤 부정적인 일들이 일어날 때마다 원망이나 불평이나 좌절보다는 그 속에서 하나님의 말씀과 뜻이 무엇인지를 묻고 배우고 성장하는 기회로 삼았던 사람입니다."

"하나님 안에서 하나님과 깊은 관계를 맺고 사셨던 분들의 삶을 보면, 그분들 안에 잔잔한 미소가 있는 것 같아요. 궁극적으로 제가 기대하는 것은 그 잔잔한 미소예요. '하하하' 웃는 순간도 있지만, 힘든 상황이 와도 그 안에 계신 하나님을 보면서 그냥 잔잔한 미소를 지을 수 있기 원해요."
은주가 환한 얼굴로 답한다.

30주가 거의 다 되어 가는 지금, 나는 은주 안에서 이미 이런 잔잔한 미소가 조금씩 배어 나오고 있음을 본다. 은주는 이렇게 사랑과 평화의 주님을 만나면서 조금씩 두려움이 사라지게 되었고, 생명력과 기쁨을 맛보게 되었다. 그래서 지금까지 걸어왔던 길로 다시금 돌아가라는 초대에 기대와 감사의 마음으로 "예." 하고 순종할 수 있게 되었다. 어떤 결론을 미리 내리지 않고, 용기를 내어 매일 한 걸음씩 주님과 걸어가는 것이다. 두려움에서 새로운 사랑으로 변화된 베드로처럼 말이다.

3 안전한 공간에서 마음껏 속마음을 내보일 때

"후임 과장하고 계속 비교를 당하는 느낌입니다. 부장님이 저를 제치고 그 과장한테 일을 맡기시는 것 같거든요. 후임이 꼼꼼하게 일을 처리하는 면이 있어 조금 이해가 되면서도 제가 무시를 당하는 것 같아 괴롭습니다. 영성지도에서 이 마음을 다루고 싶습니다."

서울의 한 대기업에서 차장으로 있는 남성의 고백이다. 이어서 그는 이렇게 덧붙인다.

"사실 제가 그 후임보다 좀 더 나은데 왜 부장님은 그 친구를 저보다 높게 평가할까 하는 생각이 있습니다. 교만한 마음이 있는 거지요…. 이런 식으로 거짓 자아가 제 안에서 똬리를 틀고 있네요."

"그러면 그 거짓 자아를 좀 알아주면 좋겠네요. 다섯 살짜리 어린아이처럼 내 마음을 적나라하게 표현해 보면 어떨까요?"

한국 문화에서 중년 남성이 이런 유치한 느낌과 생각을 가감 없이 표현한다는 것은 쉽지 않다. 그도 선뜻 응하지 못하고 머뭇거린다. 그래서 이런 안전한 공간에서 마음껏 표현할 때 그 밑에 있는 참자아가 나타난다고 격려를 해 준다.

"후임은 다른 직원들과 자주 부딪치고 일하는 깊이도 부족하고 시간과 돈을 쓰는 데도 너무 인색해요. 그래서 제가 나름대로 커버해 주는데 고마운 줄도 모르고…. 완전 무임승차하는 거 같습니다. 부장님한테 인정을 받으니까 자기가 잘난 줄 알고. 또 부장님도 그래요. 그동안 저랑 친했는데 언젠가부터 이 후임한테 마음을 더 주시고…. 그동안 제가 해 드린 건 다 잊어버리시다니 진짜 섭섭합니다."

그러고 나서 그는 그동안 누구에게도 말하지 못했던 것들을 표현하고 나니 시원하다고 고백한다.

생각에서만 맴돌던 것을 솔직하게 표현했을 때, 자신이 부장과 후임에 대해서 어떻게 판단하고 있었는지 좀 더 명료하게 보인다. 유치하다고 생각되는 이런 감정들을 그동안 포장하려고 했음을 알게 된다. 그리고 그런 태도 때문에 오히려 역설적으로 이런 감정들이 자신의 무의식 깊은 곳에 자리하게 되었고 결국 자신의 삶을 좋지 않은 쪽으로 몰아갔음을 깨닫는다.

영성지도는 이렇게 마음껏 속 이야기를 꺼내 놓을 수 있도록 안전한 공간을 마련해 주는 것이다. 사실 하나님 앞에서 벌거벗고, 유치하다고 생각한 것을 내어놓는 능력이 영적 성숙의 표지이다. 이런 표현 과정을 통해서 새로운 통찰이 생길 뿐만 아니라 나 자신과의 새로운 연결이 일어나기 때문이다.

"그러면 이 관계 속에 내가 가지고 있는 가치(values) 또는 욕구는 무엇인지 한번 들여다볼까요?"

"제가 공통적으로 갈구하는 것은 인정입니다. 후임한테도, 내가 너에게 이렇게 도와주고 있다는 암묵적인 메시지를 흘립니다. 그런데 돌아오는 인정이 없을 때 싫은 거지요. 그리고 부장님에게도 그분이 궁금해하고 필요로 하는 것을 다 퍼 주었는데, 자기가 필요한 것을 쏙 빼먹고는 저를 버리는 기분이 드는 거죠."

그러면서 뭔가 새롭게 깨닫는다.

"실마리를 발견한 것 같아요. 인정을 받는 것이 나의 에고의 욕구였구나. 그 욕구가 내 안에서 자리를 틀고 나를 몰아가는 것을 보게 됩니다."

"그러면 이것을 다 들으시고 함께하신 하나님께서는 나에게 어떻게 반응하실까요? 한번 침묵 가운데서 들어 볼까요?"

침묵으로 초대를 하니 4~5분 정도의 긴 침묵 시간을 갖는다.

"처음에는 인위적으로 하나님의 음성은 이럴 거야 하는 식으로 생각했는데 갑자기 누가복음 15장의 큰아들이 마음에 들어오는 거예요. 다 가지고 있으면서도 불평을 하는 큰아들요. 막 들어온 동생에게 유치하게 구는 큰아들. 동생이 조금 더 가지는 것을 보면서 화를 내는 큰아들. 하나님께서는 이렇게 말씀하시는 것 같았어요."

좀 더 여유가 있는 모습으로 말을 잇는다.

"너 다 가졌잖아. 네가 다 누려도 되는 거잖아. 지금 막 받은 동생의

옷, 송아지 고기 몇 점에 왜 응석 부리냐?' 그런 마음이 확 들었습니다. '내 것이 다 네 것이잖아.'"

"그러면 그 말씀이 나에게 구체적으로 초대하는 것은 무엇일까요?"
"그전에는 큰아들이 계속 밖에서 일만 하는 아들로 보였는데, 오늘은 집 안에서 하는 잔치에 언제든 들어가서 누릴 수 있는 존재로 보입니다. 하나님은 잔치로 들어오라고 저를 초대하시네요. 그 말은 진짜 나를 발견하고 참자아로 살아가는 것으로 들립니다. 그 안에 머물 때 오는 기쁨, 진리의 풍성함으로의 초대로 말입니다."
"서로 같이 누릴 수 있는 잔치로의 초대네요. 하나님과 연결이 될 때 나의 참자아와 연결이 되고, 그럴 때 동생하고도 연결이 되네요."
"아유, 감사합니다. 그 후임이랑 다시 만나서 밥 먹고 차라도 한잔 함께하고 싶은 마음이 생기네요."

이 피지도자는 누가복음 말씀에서 큰아들과 자신을 일치시키면서 하나님의 음성을 들을 때 상대를 새롭게 볼 수 있는 은혜를 경험했다. 하나님 안에서 자신이 누구인지를 발견을 했을 때 마음이 자유로워졌을 뿐만 아니라 상대를 새롭게 품을 수 있는 힘이 생긴 것이다.

듣는 마음은 피지도자가 어떤 유치한 이야기를 가져와도 판단 분별 없이 있는 그대로 들어 준다. 그럴 때 피지도자가 안전함을 느끼고, 이야기를 하는 과정을 통해서 자신에 대한 통찰을 얻는다. 그리고 하나님께로 연결해 줄 때, 하나님 안에서 그분의 음성을 듣고 자신을 찾게 된다. 침묵의 공간에서, 경청의 공간에서 자신의 거짓 자아를 발견하고 참자아를 찾아갈 수 있는 은혜가 주어지는 것이다. 이것이 바로 영성지도라는 안전한 공간에서 일어나는 신비이자 축복이다.

4 듣고 싶은 하나님의 음성

리즈(Liz)는 복음주의권에서 자란 교인으로서, 하나님께 기도할 때 주로 혼잣말을 하고 끝낸다고 한다. 자신이 말을 한 후에 하나님으로부터 듣고 그 들은 것을 그대로 따르는 삶에 대해서는 아직 낯설다. 대신 자신의 생각에 동의하고 그것을 지지해 주는 사람을 찾아다니는 경향이 있다. 자신 안에 계신 하나님의 소리를 직접 들을 수 있는 것에 대해서는 반신반의하며 궁금해한다. 그런 리즈에게 영성지도는 본인 스스로 하나님의 소리를 듣고 응답해 나갈 수 있도록 들어 주는 것이라고 말해 준다. 그럴 때 자신을 있는 그대로 봐 주시는 하나님의 사랑에 스스로 머물 수 있다고 말이다.

리즈는 교회의 한 부서에서 해 왔던 사역을 그만두고 싶어하는데, 이것에 대해 하나님께서 뭐라고 말씀하시는지 듣기 원한다며 영성지도에 왔다. 먼저 목사님들에게 말씀을 드렸고 그것에 대해서 수용적인 반응을 들었다. 사역 담당자에게도 말씀을 드렸는데, 두 주가 지나도 응답이 없어서 걱정된다고 한다. 요한복음 10장에서 양들은 목자의 음성을 듣는다고 하는데, 자신은 침묵 속에서 주님의 음성을 듣는 것이 어렵다고 한다.

"걱정을 잘하는 내가 어떻게 하나님의 음성을 들을 수 있을까요?"

그러면 참목자 되신 주님으로부터 무엇을 듣고 싶은지 물었다. 평안, 긍정, 사랑의 메시지를 듣고 싶다고 한다. 그래서 직접 주님께 묻고 들어 보라고 침묵으로 안내를 해 준다. 주님은 "그 사역 담당자가 두려워할지도 모른다. 내 사랑에 거하고 평안하라."고 말씀하실 것 같다고 한다. 그 말씀을 듣는다고 생각하니 마음에 어떤 느낌이 드냐고 묻자, 리즈는 담당자에 대한 긍휼의 마음이 느껴진다고 대답한다. 그에게 마음이 좀 더 열리고 자기 마음속에도 공간이 좀 더 생기는 것이다. 리즈는 그에 대한 험담을 하고 싶지 않다고 말한다. 비록 그가 대답을 하지 않고 도망가는 것 같아도 말이다.

리즈는 그 사역팀에 있을 때 소진되는 느낌이 들었다. 그 팀에서 계속 불평을 하는 사람이 있는데, 아무도 그것에 대해서 대처를 하지 않아 힘이 들었다. 그 불평하는 사람을 견디기 힘들어서 사역을 그만두려고 하는 것이다. 떠나는 것이 최선이라고 생각되었다. 그 사람과 대화를 계속 할수록 더 지치고 상처가 된다. 결국 자신은 그 사람을 변화시킬 수 없음을 깨닫게 되었다. 그리고 사역 담당자의 행동 또한 변화시킬 수 없음을 알게 되었다. 나는 리즈가 하는 고백이 하나님 앞에서 하는 정직한 기도처럼 들린다고 말해 준다. 그러자 자신은 그 담당자에 대해 안타까운 마음이 든다며, 하나님께서 그를 위해서 일하시겠지만 자신이 그 사람들을 구해야(rescue) 한다고 생각한다고 고백한다. 팀원들을 구해야 한다는 말이 너무 크게 들려서, 어떻게 그런 생각을 하게 되었는지 물었다.

그러자 자기 엄마 이야기를 한다. 엄마는 어렸을 때부터 자기에게 자주 화를 냈고 비판의 말들을 했다. 자상하게 공감하는 모습이 부족했다. 또 걱정이 아주 많았고 많은 사람을 구하는 역할을 하곤 했다. 리즈는 엄마의 그런 모습이 자신에게도 있음을 알아차린다.

예수님께서는 그런 자신을 어떻게 대하는지 묻자, "인내심이 많고 친절하며 부드럽게 대하신다."고 한다. 엄마와 같은 모습을 가진 자신을 인내와 사랑으로 대하시는 주님을 경험하면서 자기 안에 있는 걱정하는 마음도 부드러운 시선으로 보게 된다. 그러자 남들을 구원하고자 동기가 자신의 걱정과 염려에서 나왔다는 것을 자연스럽게 깨닫고 그 마음 또한 내려놓는다. 리즈는 이 대화의 과정을 통해, 자기가 기대하는 대로 행동하지 않는 사람들을 변화시키려는 마음을 내려놓게 되었다. 그것은 자신의 일이 아니라 주님의 일임을 인정하게 된 것이다.

리즈는 이 영성지도를 통해서 자신이 원하는 것을 구하고 응답 받는 차원의 기도를 뛰어넘고 있다. "하나님께서 뭐라고 하실까?"를 묻고 듣는 연습을 시작한 것이다. 첫술에 배부를 수는 없기에, 수많은 반복 연습을 통해서 더 잘 듣고 응답하는 삶을 살 수 있을 것이다. 그 과정을 통해 내가 뭔가 해 보려고 했던 마음에서 주님께서 하실 것이라는 신뢰로 조금씩 옮겨 간다. '꼭 이렇게 해야 한다.'는 집착의 마음을 서서히 내려놓게 된다. 그럴수록 하나님께서 자신에게 무엇을 하기 원하시는지 들을 수 있는 여유가 주어진다. 그리고 하나님께서 자신을 통해서 일하실 수 있는 공간을 내어 드리게 된다.

리즈는 걱정과 불안의 마음으로 보던 갈등 상황을 좀 더 편안하고 가벼운 마음으로 볼 수 있게 되었다. 그녀는 어깨가 훨씬 가벼워지고 가슴이 뚫리는 것 같다고 말한다. 이 자유의 마음이라야 하나님께서 뭐라고 하시든 그 말씀에 따라 반응할 수 있는 능력이 주어지는 것이다. 그렇게 리즈는 자신이 원하는 뜻이 아니라 하나님께서 원하시는 뜻을 듣고 따를 때 오는 기쁨을 조금씩 맛보아 가고 있다.

5 침묵 속에서 만나는 더 깊은 나

[1] 메리(Mary) 이야기

메리가 이번 주에는 많이 흥분된 모습으로 영성지도에 왔다. 너무나 화가 나고 좌절되고 부끄럽고 힘든 한 주였다고 한다. 여러 많은 일들 중에서도 특히 삼십 대 중반의 아들이 "나는 엄마의 드라마에 엮이고 싶지 않아."라고 말하며 일방적으로 전화를 끊은 것 때문에 화가 많이 나 있었다. 다른 사람들에게 얘기를 해 봐도 별로 위로를 얻지 못했다. 그런데 한 친구가 "어떻게 아들이 너에게 그럴 수 있냐?"고 말했을 때는 오히려 부끄러운 마음이 들었다고 했다. 아들을 잘못 키운 것 같다는 창피함 때문이었다.

메리가 마음을 충분히 쏟아 놓았을 때 하나님께로 초대하였다.
"침묵 가운데 하나님의 음성을 들어 볼까요?"

오랜 침묵이 흐른 후 메리가 고백한다.
"하나님께서 저에게 이렇게 말씀하십니다. 그 어떤 것도 부끄러워할 일이 없다. 내가 여기에 있다."

순간 메리의 얼굴이 환하게 변한다. 지금까지 메리는 결혼과 이혼을 세 번이나 했고, 지금은 집도 없는 상태이다. 또 아이들도 자기와 대화를 하고 싶어하지 않는다는 사실 때문에 스스로를 정죄하곤 했다. 그러나 침묵으로 하나님의 임재 가운데 나아갔을 때 들려오는 소리는 "그 어떤 것도 부끄러워할 것이 없다."는 말씀이었다.

'나의 이야기'에서 '하나님의 이야기'로 차원의 이동이 일어난 것이다. 그럴 때 '나는 간음한 여인처럼 늘 정죄받을 수밖에 없는 존재'라고 여기던 삶에서 '그 어떤 누구도 정죄할 수 없는 존재'로서의 삶으로 변화된다. 메리는 지금 그 진실을 당당하게 선포하고 있다.

어떻게 이런 일이 일어날 수 있을까? 시편 46편의 말씀이 떠오른다. "너희는 가만히 있어 내가 하나님 됨을 알지어다."(10절)
가만히 침묵 가운데 있을 때 하나님을 아는 일이 일어난다. 침묵에 머물수록 나의 에고에서 일어나는 이야기들이 잠잠해지고 그 밑에 있던 새로운 하나님의 이야기가 올라온다. 그래서 침묵 속에서 하나님을 아는 것이 나 자신을 아는 것과 깊이 연결되어 있다. 다행히 메리는 침묵 관상기도를 계속 훈련해 오고 있어서 안내를 해 줬을 때 금방 알아차리고 관점이 바뀌는 경험을 할 수 있었다.

침묵 속에서 영원의 관점과 연결된 나를 만나는 것, 그래서 정죄와 판단과 두려움을 벗어 버리고 용서와 긍휼과 사랑을 경험하는 것, 그것이 바로 침묵의 기적이다. 이제 메리는 하나님의 사랑받는 존재로서 새롭게 현실을 마주한다.

[2] 베니(Benny) 이야기

홀로 사는 베니가 와서, 자신의 아들딸과 화해를 하고 싶은데 어떻게 해야 할지 모르겠다고 한다. 그는 두 번이나 이혼을 했고, 젊었을 때 자녀들에게 한 행동들에 대해 후회하고 있다. 그는 하나님 앞에서 회개를 했지만, 그 진정성이 아직은 자녀들에게 전달되지 않아 쉽지 않은 시간을 보내고 있다. 손자 손녀들과도 함께할 수 없는 아픔이 있다.

그럴 때 영성지도자로서 나는 어떻게 반응해야 하는가? 쉽게 빠질 수 있는 함정은 안타까운 마음에 곧바로 문제 해결로 들어가는 것이다. 무슨 말을 어떻게 할지를 궁리하고, 어떤 전략으로 접근해서 그들의 마음을 돌이킬 수 있을지 함께 찾는 것이다. 그러나 자녀들과 빨리 화해하는 것도 중요하지만, 그렇게 되지 않는 자신에 대해서 먼저 깊이 인식하는 것이 필요하다.

"내가 화해도 못 하고 이대로 죽어도 괜찮을까요?"
칠십을 바라보고 있는 그가 걱정스럽게 묻는다.
"그 물음을 하나님께서 들으시면 뭐라고 하실까요?"

확신이 없는 그의 마음을 놓치지 않고, 하나님께 향하도록 해 준다. 한참 동안 침묵 속에 머물던 베니는 이렇게 답한다.

"내가 너를 있는 그대로 사랑한다."

자신도 생각하지 못했던 하나님의 응답에 눈시울이 붉어진다.

'그렇구나. 하나님은 내가 화해를 못해도 나를 있는 그대로 사랑하시는구나.'

그 하나님의 사랑에 마음이 접촉될 때 안심이 된다. 그리고 그렇지 못한 현실에 대해서 마음을 열고 볼 수 있는 여유가 생긴다. 문제를 풀어 가려고 방법을 강구하는 데 에너지를 쏟기보다 그것을 있는 그대로 수용할 수 있는 자유와 힘을 얻는 것이 더 중요하다. 이런 축복은 하나님 안에서 내가 누구인지 알 때 주어진다.

베니는 이제 자신이 할 수 있는 일에 더 초점을 둔다. 자녀들을 변화시키려고 하기보다는 그들이 올 때까지 기다리는 것이다. 그러면서 누가복음에 나오는 아버지의 이미지를 떠올린다. 자신의 재산을 가지고 집을 나간 작은아들을 기다리는 아버지처럼, 마음의 문을 활짝 열고 기다릴 수 있게 된다. 하나님께서 자신의 딸과 아들과 함께하시면서, 때가 되면 언제든지 돌아오게 하실 수 있다는 마음으로.

나아가서 자신과 비슷한 고통 가운데 있는 다른 사람들을 돌보고 싶어하는 마음을 발견한다. 그래서 어렸을 때 '부모의 부재'로 인해 충분히 사랑을 받지 못했던 소년 교도소에 있는 아이들과 관계를 맺는다. 그들에게 멘토이자 아빠의 역할을 하고 싶어하며 그들에게 손을 내민다. 자신의 고통을 사회의 더 큰 고통에 연결하고 그것을 승화시켜 공헌하고 싶어하는 것이다.

여전히 베니는 자신의 자녀들을 만나지 못하는 아픔이 있다. 그러나 그 아픔을 보듬어 안고 갈 수 있는 힘이 조금씩 생긴다. 내가 하나님 안에서 누구인지, 나를 향한 하나님의 사랑이 얼마나 큰지를 깨달을 때, 내가 원하는 방식대로 문제를 해결하고자 하는 마음에서 놓여 난다. 그리고 그 문제들과 함께 현실을 헤치고 나갈 수 있는 지혜와 힘이 생긴다. 나아가 자기 내면의 깊은 뿌리와 연결될 때, 자신의 고통을 새로운 사명으로까지 승화할 수 있는 힘이 생긴다.

영성지도는 '어떻게'에 초점을 맞추기보다는 내가 하나님 안에서 '누구'인지 알도록 들어 주는 것이다. 피지도자가 당면한 문제보다는 더 근원적인 자신의 정체성에 초점을 맞출 수 있도록 하는 것이다. 겉 차원에서 보는 나의 역할, 외모, 나라고 생각하는 모든 생각들을 넘어서 마음 깊은 곳에 있는 진정한 자신을 보도록 기회를 주는 것이다.

침묵이 메리와 베니에게 중요한 역할을 했다. 다행히 두 사람은 침묵 수련에 익숙하고 오랫동안 관상 훈련을 해 왔기 때문에 침묵 속에서 하나님의 음성을 듣고 자신을 만날 수 있었다. 침묵으로 초대를 해도 어떤 피지도자들은 그렇게 못 하기도 한다. 그래도 괜찮다. 무엇이 떠오르든, 거기서부터 다시 시작하면 된다. 그렇게 침묵을 경험함으로써 점점 더 하나님과 자신을 알아 갈 수 있는 기회를 얻기 때문이다. 침묵에 익숙하든 익숙하지 않든, 계속 이들이 깊은 침묵에서 하나님을 만날 수 있도록 공간을 내어 주는 것이 중요하다.

6 피지도자 스스로 직접 하나님을 만날 때

건상은 목회를 하다 갈등을 경험하고 사임을 했다. 스스로 무너진 폐허 더미를 헤치고 나와 인생 후반전을 꿈꾸고 있다. 지금 일하는 교회는 하프타임(half-time)이기 때문에 다른 직업을 갖기 위해 준비를 하고 자격증도 땄다. 그의 아내 또한 새로운 일을 찾아서 하고 있는 중이다.

"지금까지 얘기를 하고 나서 특별히 오늘 초점을 맞추고 싶은 부분이 있습니까?"

건상은 나의 질문에 대답하기보다 오히려 다음과 같은 요청을 하였다. "제 이야기를 듣고 어떤 생각이 드시는지 말씀해 주시고 피드백도 해 주시면 좋겠습니다."

많은 한국 사람들이 영성지도에서 이런 요청을 한다. 영성지도자인 나에게 주도권을 주는 것이다. 이때 나의 존재를 증명하기 위해서 바로 뛰어들면 함정에 걸리는 것이다. 피지도자 스스로 하나님과 더 깊이 내면으로 들어가도록 해 줘야 하는데 그 기회를 놓치기 때문이다.

영성지도자로서 내가 생각하고 판단하는 것들을 하나씩 알려 주기 시작하면 피지도자의 초점이 그쪽으로 쏠린다. 그러면 내가 이 영성지도에 드라이브를 걸 수 있다. 이럴 때는 다시금 피지도자에게 질문을 돌려줌으로써 더 깊은 자신의 필요를 만나게 하는 것이 중요하다.

"이 시간은 본인 자신과 하나님과의 관계가 더 중요합니다. 무엇을 원하는지 하나님께 직접 물어보면 어떨까요?"

이렇게 되돌려 주자, 건상은 침묵 가운데 답을 찾아낸다.

"하나님께서는 제가 어떤 길로 가기 원하시는지 알고 싶습니다."

그는 아주 중요한 포인트를 스스로 잘 잡았다. 만약 내가 주도했다면 다른 곁가지들에 머물러서 이리저리 헤맸을 수도 있다. 건상의 지금 감정은 평안하다. 여태까지 포기하지 않고 잘 왔고 요즘도 자기답게 잘 지내고 있다고 생각한다. 그러나 더 깊은 곳에서는 하나님께서는 자기가 어떤 길로 어떻게 가기를 원하시는지 알고 싶은 마음이 있음을 알아차리게 된다. 시편 25편에 나오는 "마땅히 걸어야 할 길을 가르쳐 달라."(4절)는 말씀이 마음에 와닿는다.

"나다운 순간들이 언제인가요?"

이것은 피지도자가 한 '나답게 살고 있다.'는 말을 좀 더 풀어 갈 수 있도록 해 주는 질문이다.

"일대일로 사람들을 양육할 때, 영적인 리더로서 공동체 안에서 한 사람씩 세워 나갈 때입니다."

"나의 사명에 대해서 하나님은 어떤 반응을 하실까요?"

"그 길을 가는 중간 과정에 있다고 인정해 주시는 것 같습니다."

"지금 마음이 어떠십니까?"

"공동체 안에서 사람을 세워 나가는 것이 저의 사명이라는 확신이 더 드네요."

나는 영성지도자로서 건상이 하나님으로부터 직접 받은 이 마음을 알아차리고 되돌려 주기만 하면 된다. 그 과정이 내가 줄 수 있는 진정한 위로이고 확증이다. 증인으로서 하나님이 하신 일을 되돌려 주면서 그 스스로 자기 마음을 심화 확장하도록 하는 것, 그것이 나의 역할이다.

"이 길을 가는 데 어떤 장애가 있습니까?"

"어떤 작은 갈등이 생길 때 '관계가 깨지면 어떻게 하나?' 하는 두려운 마음이 있습니다."

갈등으로 생긴 트라우마가 어떤 형태로든 장애 요인으로 작용할 것이라는 것을 알아차린다. 예를 들어, 지금 있는 공동체에서 어떤 모임에 대한 결정을 했는데 주도적인 한 멤버가 그 내용을 뒤집었다. 자신은 그것에 대해 화가 났지만 갈등이 두려워서 뒤로 물러섰다. 이렇게 문제가 생길 때 직면하지 못하고 회피하는 마음이 있음을 알게 된다.

"이 마음을 다시금 하나님 앞으로 가져가서, 어떤 도움을 받을 수 있을지 한번 물어볼까요?"

"'그 일은 네가 아니라 내가 하는 것이야.'라고 하나님이 말씀하시는 것 같습니다."

주도권을 하나님께 내어 드리는 것이다. 자신의 힘으로 하려고 하는 것이 아니라, 순간순간 주님 안에서 침묵하고 주님이 어떻게 하실지 물으면서 함께해 나가는 것이다. 그럴 때 오는 용기와 긍휼의 마음이 자신 안에 있음을 알게 된다

"지금 이런 마음으로 그 순간으로 돌아가면 그 사람에게 어떻게 반응했을까요?"

"그때는 두려워서 피했는데, 이제는 그 영혼에 대한 긍휼의 마음이 더 듭니다."

물러서던 마음이 직면해서 연결해 나가는 마음으로 변하는 것이다.

그가 스스로 갈 수 있도록 하나님 앞으로 안내해 주었을 때 건상은 하나님으로부터 놀라운 위로와 확증을 받았고 용기도 얻게 되었다. 이것이 직접 하나님을 만나는 경험으로부터 오는 축복이다. 영성지도자인 내가 주도적으로 나서서 위로하고 해결책을 제시하며 도우려고 했다면 이렇게까지 할 수 없었을 것이다. 왜냐하면 피지도자 스스로 하나님과 직접 관계를 맺고 음성을 듣는 만큼 내면에서 울려오는 파장과 변화를 경험할 수 있기 때문이다. 영성지도자인 나는 피지도자 내면에서 나오는 파장을 되돌려 주면서 힘을 실어 줄 수는 있어도 그것을 만

들어 낼 수는 없다. 그러므로 영성지도자가 줄 수 있는 최고의 도움은 피지도자 스스로 내면 깊숙한 곳에서 나오는 하나님의 소리를 잘 들을 수 있도록 장을 마련해 주는 것이다. 그럴 때 하나님께서 직접 그 영혼 안에서 일하시고 안내해 가신다.

7 마무리하며

이번 장에서는 피지도자가 영성지도에서 실제로 어떻게 하나님을 만나고 그분의 음성을 듣고 변화를 경험하는지 나누었다. 피지도자들이 하나님의 음성을 듣고 자신의 정체성을 새롭게 발견하는 모습을 보는 것은 영성지도자의 영광이다. 그들이 하나님의 뜻에 따라 새로운 선택을 해 나가는 힘을 가질 때, 이 일은 내가 아니라 하나님께서 하시는 것임을 고백할 수밖에 없다.

영성지도자는 이렇게 피지도자가 스스로 하나님과 자신을 마음껏 만나고 새로운 사명을 가질 수 있도록 장을 깔아 주는 사람이다. 그렇게 하기 위해서 영성지도자는 먼저 자신 안에 그런 공간을 만들 수 있어야 한다. 스스로 하나님을 만나고 자신을 만나면서 새로운 사명의 삶을 살아갈 때 온전히 하나님의 통로가 될 수 있다.

그렇다면 나에게 영성지도는 무엇인가? 지금까지의 경험을 통해서 다음과 같이 정리해 볼 수 있다.

"**영성지도**는 피지도자가 자신의 이야기를 마음껏 할 수 있도록, 영성지도자가 자신의 현존을 통해 안전하고 거룩한 공간을 만들어 주고 그의 이야기를 잘 들어 주는 것이다."

"이 과정을 통해서 피지도자가 하나님과 더욱더 깊은 관계를 이루어 가고, 개인적으로나 공동체적으로 일상의 다양한 관계와 상황 속에서 현존하시고 역사하시는 하나님의 뜻을 잘 알아차리고 분별해서 그분의 뜻대로 선택해 나가는 삶을 살도록 하는 것, 그것이 **영성지도의 목적**이다."

"이를 위해 **영성지도자**는 판단 없이 피지도자를 있는 그대로 보고, 그에게 공감하며, 하나님께서 직접 그를 안내하실 수 있도록 '관상적 경청'의 기술들을 통해 반응하며 함께 있어 준다."

"영성지도를 통해 하나님과 연결이 될 때, **피지도자**는 자신의 이야기가 자신의 에고에서 나온 것인지 아니면 하나님의 이야기에 연결이 되어 있는 참자아에서 나온 것인지를 알게 된다. 그리고 하나님 안에서 자신의 정체성 및 사명을 발견하고 하나님과 더욱더 깊은 일치를 이루며 하나님의 뜻대로 살아갈 은혜와 힘을 얻게 된다."

이 글을 읽는 독자들 또한 경험을 쌓아 가면서 영성지도에 대한 나름의 이해와 정의를 가지게 될 것이다. 당신에게 영성지도는 무엇인가? 간단하게라도 적어 보는 것이 도움이 된다. 내가 영성지도를 이해하는 만큼 영성지도 현장에서 하나님과 나를 경험하고 다른 사람들을 안내할 수 있기 때문이다.

IV

목회적 돌봄, 코칭, 상담에 비춰 본 영성지도

1 내가 아니라 성령님께서 하시도록 vs 목회적 돌봄

"피지도자가 암으로 다음 주에 수술을 받는다고 합니다. 전화를 해서 물어보고 관심을 보여도 될까요?"

켄(Ken)은 목회를 은퇴하고 영성지도를 막 배우기 시작했다. 그는 목회와 영성지도의 차이에 대해서 알고 싶어한다.

"목사로서 어떻게 하셨나요?"

성도가 수술을 받게 되면, 목사는 자연스럽게 연락을 한다. 수술 과정이 어떻게 되는지도 확인하고, 방문해서 축복 기도도 해 준다.

"그러면 영성지도자는 어떻게 반응할까요?"

물론 관심과 기도를 해 주지만 직접 연락을 안 할 수도 있다고 답한다. 그렇게 하지 않아도 자신이 피지도자를 사랑하고 있다는 것을 자연스럽게 알게 될 것이기 때문이다. 물론 정해진 답은 없지만, 영성지도자는 목사와는 달리 가능하면 일상에서 일어나는 일들에 관여해서 구체적으로 피지도자를 돌보지 않는다.

"그러면 아무것도 하지 않고 그냥 듣기만 하는 것이 영성지도입니까?"

목회자는 다양한 섬김을 통해서 성도들이 하나님께 가까이 가도록 돕는다. 즉, 설교, 병원 심방, 장례 예식, 성경 공부, 다양한 회의, 목회적 비전 공유, 소외된 사람들 섬기기 등 여러 방법을 통해 성도들을 돌본다. 켄은 목회를 할 때 많은 접시들을 한꺼번에 돌리는 광대처럼 느껴졌다고 말한다. 그렇게 해야만 보상을 받는 시스템 속에서 살아왔다. 그럴 때 하나님 안에서 자신이 누구인지를 서서히 잃게 될 가능성이 많다.

성도들이 하나님 안에서 자유로운 존재로 변화되도록 돕기보다는 책임감에서 나오는 많은 역할들을 하면서 살아온 켄. 그는 이제 그 많은 책임감에서 자유로워져서 자신으로 살아가고 싶어한다. 지금 이 순간에 현존하는 삶을 살고 싶은 것이다. 이것은 모든 것이 자신에게 달려 있지 않고 하나님께 있음을 깨닫고 신뢰할 때만 가능하다.

이제 켄은 영성지도에서 그 맛을 조금씩 보아 가고 있다. 피지도자와의 만남 가운데 성령님이 함께 계신다. 자신이 하는 일은 경청이다. 그것은 작은 씨앗을 심는 것이다. 그러면 성령님께서 자라게 하시고 때가 되면 열매를 맺게 하신다. 그런 신뢰의 마음으로 피지도자의 이야기를 듣는다. 그럴 때 자신이 뭔가 도와줘야 할 것 같은 책임감을 조금씩 내려놓게 된다. 그냥 편안하게 힘을 빼고 자신의 존재로 있으면서, 자신을 내어 주게 된다. 그럴 때 상대 또한 하나님 안에서의 자신을 만나게 된다. 뭔가 가르치거나 문제를 풀려고 하는 것이 아니라 존재로 있어 줄 때, 상대의 존재가 깨어나는 것이다. 성령님께서 그 상대에게 필요한 모든 것을 채워 주시기 때문이다. 나는 아무것도 하지 않고 듣고 있는 것만 같은데, 사실은 성령님께서 가장 적합하게 모든 것을 채워 주고 계신 것이다.

성도들이 너무 힘들어서 포기하고 싶어할 때 켄은 그들이 일어날 수 있도록 직접 격려하고 돌보았다. 그 일이 너무 힘들고 어려웠다. 그런데 이제는 영성지도자로서 사람들이 성령님의 임재를 알아차릴 수 있도록 해 주는 것을 배워 가고 있다. 하나님과 친밀한 관계를 맺을 수 있도록 함께해 주는 것이다. 그럴 때 신기하게도 자신이 주는 것보다 하나님께서 더욱더 풍성하게 그들에게 채워 주시는 것을 보게 된다. 이제는 사람들이 자기가 주는 위로와 도움보다는 하나님과의 관계에서 직접 도움을 받는 것이 더 필요함을 깨닫고 있다. 자신이 줄 수 있는 진정한 도움은 그들의 문제를 풀어 주려고 애쓰는 것이 아니라 그들이 하나님께 마음의 문을 열 수 있도록 함께해 주는 것임을 경험한다. 하나님과의 관계가 더 깊어질수록, 그들은 인간으로서 더 온전하고 건강하게 살아갈 수 있기 때문이다.

이제 켄의 일차적인 책임은 피지도자가 자신의 삶에서 성령님의 움직임을 잘 알아차리고 반응할 수 있도록 함께해 주는 것이다. 목사로서 어떤 가르침을 주려고 하지 않는다. 의식적이든 무의식적이든 그 사람을 구해 주거나 고치려고 하는 자신의 의도를 내려놓는다. 그리고 피지도자의 삶의 자리에 함께한다. 물론 목회에서는 가르침과 구해 주는 것이 필요하기도 하고 중요하기도 하다. 하지만 거기에 너무 초점을 둘 때 생기는 그림자가 있음을 알게 된다. 성도의 아픔이나 삶에 머물러 그저 함께 있는 것이 빠지기 때문이다. 예수님께서도 겟세마네 동산에서 기도하실 때 제자들에게 말씀하셨다.

"내 마음이 괴로워 죽을 지경이다. 너희는 여기에 머물러 나와 함께 깨어 있어라."(마 26:38)

이처럼 많은 경우 피지도자들이 고통을 경험할 때 가장 중요한 도움은 함께 깨어 하나님의 현존에 머물러 주는 것이다. 그럴 때 하나님과 함께 그 고통을 통과해 나갈 수 있는 진정한 위로와 힘을 스스로 얻기 때문이다.

켄은 영성지도자로서 자신의 중요한 역할을 새롭게 익혀 가고 있다. 자신이 뭔가를 해 주는 것이 아니라, 성령님께서 직접 해 주실 수 있도록 공간을 만드는 것이다. 피지도자가 성령님께 귀 기울이고 응답을 해 나가는 것 또한 성령님께서 선물로 주시는 것이다. 나의 일이 아니라 성령님의 일이다. 그러므로 켄의 사명은 이 모든 것들을 제공해 주실 성령님을 신뢰하고 피지도자와 함께하는 것이다.

켄이 영성지도자로서 다시 목회를 한다면 어떨까? 더욱더 예리하게 하나님께 초점을 맞추면서 목양을 해 나갈 것이다. 좀 더 하나님을 향한 여유를 가질 것이다. 하나님께서 직접 성도들을 돌보실 기회를 더 드릴 것이다. 결국 영성지도와 목회의 공통점은 나 자신의 섬김을 통해서 성도나 피지도자가 하나님 안에서 자신을 발견하고 하나님께 더욱더 가까이 가도록 하는 것임을 확인하게 된다. 그럴 때 그들이 하나님께서 원하시는 삶을 스스로 선택하면서 살아갈 수 있기 때문이다.

2. 결과와 답을 넘어선 하나님 경험 vs 코칭

"어떤 사람이 구덩이에 빠져 있다면, 코치와 영성지도자는 각각 어떻게 반응할까요?"

목회자이면서도 코칭을 오랫동안 해 왔던 리사(Lisa)가 답을 한다.

"코치는 '그 구덩이에서 나오기 위해 어떤 선택을 할 수 있습니까?'라고 묻습니다."

코치는 고객이 어떤 문제에 직면했을 때 구체적인 해결을 위한 목표를 설정하도록 해 준다. 계속 앞으로 나가기 위해 어떤 단계들이 있는지 확인해 주면서 그 목적을 잘 달성할 수 있는 방법을 함께 찾는다.

"영성지도자는 '그 속에서 하나님을 어떻게 경험하고 있습니까?'라고 묻습니다."

영성지도자는 지금 겪고 있는 문제 속에서 피지도자의 마음이 어떤지, 지금 하나님은 어디에 계신지, 그 하나님과의 관계를 통해서 스스로 무엇을 알아차리는지를 물어 준다. 그래서 하나님께서 어떤 초대를 하시는지 알아차리고 반응할 수 있도록 하는 데 초점을 맞춘다. 피지도자가 스스로 길을 찾아서 나오도록 함께해 주는 것이다.

영성지도자가 되는 과정을 훈련하면서 리사에게 가장 힘든 것은 코칭과 영성지도의 차이를 구분하는 것이었다. 그 차이를 제대로 아는 것은 영성지도의 본질을 아는 것과 연결되어 있다. 물론 이 둘의 차이와 영성지도의 본질을 터득하게 되면 나중에는 이 둘을 상황에 따라서 자유롭게 활용할 수도 있다. 그러나 지금은 기본을 배우는 과정이기에, 이 둘을 섞지 않고 분리해서 영성지도에만 초점을 맞추는 훈련을 하고 있다.

일 년에 걸쳐서 리사는 나름대로 차이를 구별해 나가고 있다.
"코칭은 결과와 답이 있어야 합니다."
그 결과물을 얻기 위해서 코치는 고객이 마감일을 정하고 행동에 책임을 질 수 있도록 격려하면서 안내를 한다.
"영성지도는 하나님으로부터 자연스럽게 열매가 나오도록 함께 기다리는 과정 자체입니다."
영성지도는 하나님의 시간표와 속도대로 움직이는 것이다. 하나님께서 그 일을 하시도록 나를 내어 드리는 것이다. 어떤 결과가 나오느냐에 상관없이 말이다. 내가 방향을 구체적으로 정해 주는 것이 아니다. 피지도자 스스로 하나님으로부터 직접 안내를 받을 수 있도록 나는 인내심을 가지고 함께한다.

리사는 지난번에 영성지도를 잘했다고 한다. 잘한 비결이 무엇인지를 묻자 "신뢰"라고 답한다. 하나님께서 자신을 통해서 일하신다는 신뢰! 하나님께서 피지도자와 함께 일하신다는 신뢰! 그 신뢰가 있었기 때문에 자신이 원하는 방향으로 몰아가고자 하는 동기를 내려놓을 수 있었다. 보다 더 순수한 마음으로, 성령님으로부터 나오는 반응을 할 수 있었다. 리사의 이런 자연스러운 반응은 피지도자가 직접 성령님의 반응을 알아차릴 수 있도록 도와주었다. 리사는 둘 가운데 함께하시는 성령님께서 직접 그 세션을 인도해 나가시는 것을 경험할 수 있었다. 아주 놀라운 경험이었다.

리사는 문제를 해결하기 위해서 "이것을 이렇게 하고 저것을 저렇게 해야 한다."고 말하는 것이 자신의 성향상 훨씬 쉽다고 한다. 그러나 영성지도에서는 지도자가 피지도자에게 직접 어떻게 하라고 일러 주는 것이 아님을 배워 가고 있다. 대신 피지도자 스스로 발견해 나갈 수 있도록 믿음으로 기다려 주는 것임을 알게 된다. 그곳이 자신이 성장을 해야 할 부분이다.

리사가 지금 목회하고 있는 교회 성도 중에 한 명이 노숙자의 삶을 살기로 결정했다. 살 만한 싼 집을 소개해 줘도 그 여성은 계속 차 안에서 살겠다고 한다. 그래서 리사는 그 성도에게 다음과 같이 분명히 말을 해 주었다.

"그 길이 위험하기 때문에 나는 너와 같은 결정을 내리지 않는다. 그러나 네가 그렇게 사는 것을 선택한 것에 대해서 존중한다."

리사는 영성지도의 원리를 자신의 목회에 적용한다. 그 길이 위험한 길이라고 분명하게 얘기를 해 주고, 더 안전한 길에 대해서도 안내를 해 준다. 그럼에도 상대가 다른 길을 선택할 때는 그 길을 존중하는 것이다. 하나님께서 그 사람에게 직접 역사하시고, 때가 되어서 가장 적합한 길로 안내하실 것에 대한 신뢰의 마음으로 그렇게 행하는 것이다.

그럴 때 나는 누가복음 15장에 나오는 작은아들이 떠오른다. 그가 아버지의 재산을 가지고 집을 나가겠다고 말할 때, 그 이후가 어떠할 것인지 알면서도 허용을 해 주는 아버지의 마음도 함께 떠오른다. 아버지는 계속 아들이 돌아오기를 기다린다. 언뜻 보면 아주 힘없는 모습이다. 스스로 깨닫고 돌아오기만을 기다리는 것이 무책임하게까지 보인다. 그러나 그런 아버지의 내어 줌과 기다림과 인내 덕분에, 작은 아들은 비참한 현실에 부딪치면서 자신이 누구인지 알게 되고 아버지의 진정한 사랑을 경험한다. 그래서 집을 한 번도 나가 본 적이 없는 큰아들이 맛볼 수 없는 더 깊은 사랑의 세계를 경험할 수 있었다. 이 아버지의 신뢰와 사랑의 마음으로 피지도자를 대하는 것, 그것이 영성지도자의 이미지이다.

리사는 영성지도를 배우면서 자신이 좀 더 자유로워지는 경험을 한다. 영성지도가 자신의 여정이기도 하지만, 더 중요한 초점은 피지도자와 하나님과의 여정이라는 것을 알아 가는 데서 나오는 자유함이다. 지금까지는 상대의 짐을 자신이 직접 지려고 했다. 이제는 그 짐마저도 하나님 앞에 내려놓는다. 세션을 마친 후에 저널(journal)과 관상을 통해 자신의 느낌과 알아차린 것들을 정리하고 기도로 하나님께 맡겨 드린다. 무책임하게 그냥 포기하는 것이 아니라 붙들고는 있되 가볍게 붙드는 것이다. 그리고 중보기도를 통해 그 피지도자를 하나님의 손에 올려 드리는 것이다. 이렇게 리사는 영성지도자로서 피지도자와 새롭게 그리고 가볍게 동행해 나가는 기쁨을 맛보고 있다.

3. 문제만이 아니라 신비에도 함께 머물기 vs 상담(1)

"이번에는 마음이 많이 분주했어요. 제 생각이 많이 맴돌았어요. 그래서 깊이 머물지 못하는 느낌이었어요."

은영이 영성지도 수퍼비전에 가져온 초점이다. 특히 피지도자가 부모님과의 관계에 대한 얘기를 할 때 은영은 '나이 드신 분들도 그렇게 따뜻하게 잘해 주나?'라는 물음이 올라왔다. 그리고 그 궁금증을 참지 못해 질문을 했고, 그 덕분에 영성지도가 아니라 보통 대화처럼 세션이 흘러가는 느낌이 들었다.

'이 대화가 어디로 가려는 거지? 내가 지금 영성지도 하는 것 맞나?'

이런 생각에 은영은 마음이 복잡하고 불편했다.

수퍼비전을 받으면서 은영은 영성지도자 자신을 위한 고요한 환경과 시간을 갖는 것이 중요함을 알게 된다. 일상에서 침묵과 관상을 통해서 나의 생각과 마음이 맑아지도록 할 때 하나님의 눈과 마음으로 피지도자를 대할 수 있다. 이런 준비가 되지 않으면 피지도자가 가져온 이야기의 소용돌이에 나도 말리게 된다.

피지도자가 집에 가서 마음껏 쉬고 온다는 얘기를 했을 때, 은영은 마음이 힘들었다. 정말 그것이 가능한지 의문이 들었다. 그래서 피지도자에게 집중하지 못하고 자신의 궁금증을 푸는 질문을 던진 것이다.

나는 은영에게 혹시 부모와의 관계에서 자유롭지 못한 부분이 있는지 물었다. 자신 안에 미해결된 과제가 있을 때 피지도자에게 그것을 투사하거나 전이시킬 가능성이 많기 때문이다. 은영은 상담을 하는 사람이기 때문에 부모에게 수용받지 못한 자신의 문제를 상담을 통해 여러 차례 다뤄 왔다. 상담을 받는 동안 마음껏 부모님을 미워하는 시간을 가졌다. 원망과 화를 실컷 풀어낸 것이다. 그다음에는 부모를 알아 가는 과정을 경험했다.

'그 모습이 우리 엄마이구나.'
그렇게 수용해 가는 과정을 지나 지금은 부모님께 고마움을 느낀다.
'내가 원하는 방식은 아니지만 엄마에게는 최선의 사랑이었구나.'
그것이 보인다. 그런데 피지도자의 부모는 한결같이 따뜻하고 늘 든든한 배경처럼 곁에 있어 준다는 얘기를 들었다. 그 모습이 너무나 부러웠다. 그리고 이해가 되지 않았다. 자신의 가족 경험은 폭풍과 같았고 늘 긴장과 피곤함이 있었기 때문이다.

하나님은 그런 나의 가족과 나를 어떻게 보시는지 물어본다. 긴 침묵 끝에, 가족 속에서 여기저기 바쁘게 돌아다니는 자신의 모습을 발견한다. 부모와 아이들의 정서적인 요구를 볼 때마다 맞춰 주려고 달려가고 있다. 뭔가 책임을 지고 동분서주하는 모습이 가족 안에서의 자신의 모습이다.

"하나님께서 모든 은혜와 필요를 채워 주신다면, 나는 어떤 모습으로 있을지 침묵 속에서 한번 들어 보시겠어요?"
 그때 비로소 다른 가족들에게로 향하던 에너지가 자신에게로 돌아온다.
"만약 가족이 다 안전하다면, 가족의 필요를 하나님이 채워 주신다면, 가벼울 것 같아요. 신기해요. 제가 춤을 추고 있네요. 하나님께만 보여 주고 싶은 춤을 말이에요."
 은영은 비로소 자신에게 초점을 맞출 때 오는 기쁨을 발견한다.

 그래서 나는 사명이라는 단어가 떠오른다고 돌려준다. 나만이 출 수 있는 춤을 통해서 하나님을 기쁘시게 하는 사명의 삶 말이다. 그러자 은영은 상담이 떠오르고, 영성지도가 떠오르고, 교회를 섬기는 남편과 동반하는 것이 떠오른다. 자신이 하던 일이 새롭게 보인다. 자유의 마음이 일어난다. 모든 것을 할 수 있을 것 같은 느낌이 든다. 편하고 가볍게 춤을 추고 있는 즐거운 느낌이 든다. 지금까지는 잘해야 한다, 내가 해야 한다는 생각에 마음이 무거웠는데 이제 하나님께서 하신다고 생각하니 나 자신과 내가 하는 일이 새롭게 보인다. 그것이 바로 나만의 춤을 추는 것이라고 하니 더욱더 가볍고 즐겁다.

"그런 가볍고 즐거운 마음으로, 다시 그 전 세션으로 가 볼까요? 피지도자의 이야기가 어떻게 들리나요?"

은영은 피지도자가 자신의 춤을 추는 모습을 보면서 자신도 함께 춤을 춘다고 한다. 은영은 전문 상담가로서 슬프고 긴장감 많은 이야기들을 공감하며 내담자들을 잘 안내해 왔다. 사람들은 상담에 풀어야 할 문제들을 가지고 온다. 하지만 영성지도에는 힘든 문제만이 아니라 기쁜 이야기도 가져올 수 있다. 하나님께서 어떻게 일하셨는지 풀어놓으면서 그것을 깊이 음미하는 과정을 통해 즐거워하고 축하하는 것도 영성지도의 중요한 측면이기 때문이다.

거기에서 막혔다. 은영은 기쁨에 어떻게 머물러야 하는지를 몰랐다. 특히 가족 관계에서 자신의 무거운 경험은 피지도자의 기쁨의 이야기에 머무는 데 장애가 되었다. 그러나 자신이 가벼움을 경험하자 피지도자의 이야기가 새롭게 들린다. 있는 그대로 보면서 머물 수 있다. 오히려 축복해 줄 수 있다. 이렇게 하나님 안에서 내가 자유로워지는 만큼, 어떤 이야기에도 걸리지 않고 순전하게 함께해 줄 수 있는 능력이 생기는 것이다.

기쁜 이야기든 슬픈 이야기든 영성지도는 피지도자가 그 이야기를 더 깊고 넓게 경험할 수 있도록 해 주는 장이다. 그 안에서 하나님께서 어떻게 일하시는지를 보게 하고, 그 하나님을 만나면서 피지도자가 더 자유를 경험하도록 안내한다. 더 깊은 하나님과의 관계를 갖도록 하는 것이다. 그렇기 때문에 영성지도자는 자기 자신의 밝은 면들과 어두운 면들을 다 볼 수 있어야 한다. 그것을 극복해 나가면서 자신이 먼저 자유를 경험할 수 있어야 한다. 그래야 피지도자가 어떤 이야기를 가져와도 함께 붙어 있을 수 있다.

은영은 앞으로도 상담가로서 상대의 문제와 함께 아파하고 그것을 풀어갈 수 있도록 돕는 일을 계속할 것이다. 거기에 더해서, 영성지도를 통해서 피지도자가 기쁨의 이야기에서도 일하시는 하나님을 만나고 그분이 원하시는 길로 갈 수 있도록 동행해 줄 것이다. 그래서 삶은 풀어야 할 문제만이 아니라 누려야 할 신비임을 영성지도를 통해서 익혀 갈 것이다. 그 신비이신 하나님을 만나도록 해 주는 것이 영성지도이기 때문이다.

4 따로가 아닌 함께 부르시는 하나님 vs 상담(2)

그날 영인은 영성지도를 하고 싶지 않았다. 딸이 중학교를 그만둬야 하나 마나 하는 문제로 마음이 어수선하게 요동쳤기 때문이다. 하지만 피지도자가 어렵게 약속을 했으니 하나님께 맡기는 마음으로 시작을 했다.

"그런데 영성지도 중에 침묵 기도로 머물 때 제 안에 복잡한 감정이 올라왔어요. '숨기지 마. 너 혼자가 아니야. 괜찮아. 다 잘될 거야.'라는 피지도자의 말이 저에게 강하게 다가오는 거예요. 그 순간 많이 혼란스러웠어요. '지금은 나를 위한 시간이 아니라 피지도자에게 초점을 둬야 한다.'는 생각이 있었지만 다른 한편으로는 '아주 실낱같이 이 또한 나를 위한 하나님의 일하심이 아닌가?' 하는 생각도 있었거든요."

부딪히는 이 두 생각 중에 어디에 초점을 둬야 하는가? 영인이 가져온 수퍼비전의 초점 질문이다.

영인은 피지도자와 함께 침묵 기도를 드리는 중에 문득 "주님은 나의 영원한 복이다."라는 시편 말씀이 떠올랐다. 예측하지 못하는 일들이 연달아 생기는 고통스러운 삶의 현장에서 '주님만이 나의 영원한 복'이라는 말씀이 힘이 되었다. 그래서 영인은 그 말씀을 피지도자에게 읽어 주고 자신의 마음을 표현했다.

"사실 저도 지금 갈등하고 있는 이슈가 있는데, 오늘 이 시간을 통해서 하나님께서 주시는 메시지가 지금 저에게도 하시는 말씀처럼 느껴져서 감사하네요."

하나님께서 피지도자를 만나 주시고 돌보시는 과정에서 영인은 자신도 뜻밖의 선물을 받은 느낌이다. 사실 영성지도의 초점은 그 피지도자인데 마치 자신이 영성지도를 받은 것 같았다. 당시 영인은 자신은 부모로서의 역량이 부족하다는 생각 때문에 몹시 괴로웠다. 이렇게 준비되지 않은 마음으로 영성지도에 임하는 것이 하나님과 피지도자에게 너무도 죄송했다. '그런데 하나님께서는 괜찮으셨구나. 오히려 그 시간을 지킬 수 있어서, 내가 하나님의 위로와 영적인 유익을 누렸구나. 내가 준비가 되어 있든 안 되어 있든, 그 시간 속에 들어가는 것이 굉장히 중요하구나.' 하는 깨달음이 올라왔다. 그 시간을 통해서 자신의 고민에 반응하시는 하나님을 경험한 것이다.

피지도자를 위한 침묵 기도에 들어갔을 때, 하나님께서는 피지도자에게 메시지를 주셨다. 그것이 자신에게도 올 때 영인은 '정신 차려. 초점은 이분이지 네가 아니야.' 하면서 저항을 했다. 그러나 다시 그런 일이 일어나면 편안하게 받아들이고 환대할 것 같다. 하나님이 진정한 영성지도자이시고, 자신 또한 피지도자와 함께하는 동반자로서의 축복을 경험했기 때문이다.

영인은 오랫동안 상담 전문가로서 일을 해 왔다. 상담에서는 철저히 피지도자와 상담자를 분리하도록 요구받는다. 내 감정이 올라온 순간 괄호 치기를 하고 빨리 내려놓는다. 영성지도도 마찬가지다. 하지만 좀 더 깊이 들어가면, 영성지도에서는 피지도자와 영성지도자를 분리하는 것이 맞다는 그 생각조차 떠나 보내야 한다. 그래서 분리를 하면서도 분리가 될 수 없는, 그러면서도 분리를 할 수 있는 그런 통합적인 상태로 갈 필요가 있다. 하나님의 은혜의 통로가 되면서도 서로 분리가 되어 있는 더 깊은 차원이 있기 때문이다. 그럴 때 내 안에서 지금 일하시는 하나님의 은혜를 편안하게 받게 된다. 그리고 그것이 피지도자를 깊게 환대하는 것으로 이어지게 된다.

"이 통찰을 가지고 돌아가서 영성지도를 다시 한다면 어떻게 반응하시겠습니까?"
그러자 영인이 대답한다.
"천천히 알아차리면서 제 안에서 일어났던 일을 말했을 것 같아요. 그럴 때 피지도자를 향해서 하나님께서 말씀하고 싶으셨던 '너는 소중한 사람이야.'라는 메시지의 통로가 되지 않았을까 싶어요."

그러면서 영인에게 빛의 이미지가 떠오른다.

"하나님의 빛이 임할 때, 그 통로가 굉장히 커지고 밝아지는 느낌이 들어요. 그 빛이 관통할 때 그 통로도 엄청 확장되고 빛이 꽉 차는 느낌이 들어요. 그래서 피지도자가 빛으로 가득한 느낌이 들고요. 그 하나님의 빛에 피지도자도 살고 저도 함께 살고….'

영인은 피지도자의 힘든 상황을 알기에 비용을 받지 않고 영성지도를 주고 있었다.

"내일 열한 시에 뵈어요."

영인이 확인했을 때 피지도자가 문자로 응답해 왔다.

"그냥 지나가도 좋을 나 같은 사람에게, 나그네와 같은 사람에게 먼저 연락해 주시고, 이 길을 함께 가 주셔서 감사합니다. 열한 시에 기다리겠습니다."

그럴 때 영인의 마음이 많이 안타까웠다. 그래서 내가 물었다.

"지금 그 마음을 구체적으로 표현한다면 어떻게 하시겠습니까?"

잠시 후 영인이 이렇게 얘기한다.

"함께해 주셔서 정말 감사한데…. 오늘 특별히 이 영적 동반을 하는 과정에서 하나님의 빛이 선생님만을 향한 것이 아니라 저에게도 다가옴을 느꼈습니다. 선생님과 함께함으로 오는 빛인 것 같고, 선생님의 여정 가운데 경험하는 하나님을 지금 저도 만나고 있습니다. 선생님이 자신을 '나그네와 같다', '연락 주셔서 감사하다.'고 표현하시니까 제 가슴이 아프고 안타까웠습니다. 오늘 말씀드리고 싶은 것은 선생님의 하나님을 통해서 저도 빛을 가득 받았다는 거, 저도 선물을 받았다는 거예요."

이렇게 표현을 하고 나니, 서로를 함께 부르시는 하나님이 느껴진다. 같은 땅에 심겨진, 함께 자라는 동반의 의미가 떠오른다. 하나님이 함께 불러 주시고 임재하고 계심을 알게 된다. 내 의지로 하는 것이 아니라, 하나님의 계획하신 섭리가 우리 가운데 있음을 깨닫게 된다. 그러니 훨씬 편안하게 기대하는 마음으로 보다 잘 머물러 있을 것 같다.

하나님의 임재에 대한 나 자신의 공명이 있을 때, 그 공명을 전달할 수 있는 통로가 될 수 있음을 알게 된다. 물론 영성지도자로서 경계(boundary)가 있음을 알아차리고 지키는 것이 중요하다. 그러나 그것은 완전히 객관적인 분리가 아니라, 적절한 자기 노출에 대한 분별을 통해 끊임없이 실습해 나가야 하는 것임을 알게 된다. 이렇게 영성지도의 과정이 자신에게도 선물과 축복과 성장의 시간임을 알게 될 때 오는 따뜻함이 영인의 마음속에 자리 잡는다.

5. 마무리하며

'내가 하려고 하느냐, 하나님께서 하시도록 하느냐.'
'문제를 풀려고 하느냐. 하나님과의 관계를 맺고 하나님의 뜻을 따라가도록 하느냐.'
이것이 다른 듣는 사역들과 영성지도의 중요한 차이다.

영성지도에서는 신비이신 하나님께서 일하시는 영역이 단순히 어떤 문제에만 한정되지 않는다. 오히려 기쁨의 순간들과 일상의 작은 영역들 속에 숨어 계신 하나님을 발견하고 그 하나님과 동행해 나가도록 한다.

물론 기독교 상담이나 코칭에서도 내담자가 하나님께로 향하도록 해 준다. 그럼에도 그 과정에서는 전문 지식을 갖고 있는 상담가나 코치가 피지도자를 책임지고 돕는다는 이미지가 있다. 하지만 하나님께서 나를 통해서 일하시도록 구체적으로 공간을 만들어 드리고 관상적 경청의 기술들을 사용할 때, 더욱더 온전하게 그 목적을 이룰 수 있다.

다른 말로 하면, 돕는 이(helper)로서의 정체성을 가지느냐 아니면 증인(witness)으로서 정체성을 가지느냐의 차이이다. 돕고자 할 때는 내게 권위가 있고 상대는 약한 존재로 보는 경향이 있다. 그래서 둘의 관계가 동등하지 않다. 또한 상대를 고치고 구원하는 것에 초점이 있다. 나의 에고가 판단을 하고 결정을 한다. 그것이 이뤄질 때 만족을 하고, 그렇지 않을 때 좌절이 된다. 반면, 증인의 정체성을 가질 때는 동반자로 함께한다. 상대가 온전하다는 것을 신뢰한다. 그래서 수평적이고 상호적인 관계를 갖는다. 하나님의 일하심을 보고 동참한다.

돕는 이로서 일할 때의 장점은 피지도자들이 자신의 문제를 못 볼 때 그것을 보게 해 줄 수 있다는 것이다. 그러나 부작용은 피지도자가 준비되어 있지 않을 때 그것을 강제로 보게 할 수 있다는 것이다. 그 과정에서 영혼이 상처를 입을 수 있다. 반면 영성지도는 부드럽다. 하나님께서 속도를 정하기 때문에 피지도자의 영혼이 준비된 만큼 간다. 천천히 더디게 가는 것 같아도, 가장 적합한 속도로 안전하고 온전하게 간다. 마치 자연이 일을 하듯이 자연스럽게 가기 때문이다.

다른 듣는 사역을 이미 하고 있는 사람이 처음 영성지도를 배울 때, 이런 차이를 명료하게 이해하고 연습하는 것이 중요하다. 그러다 보면 나중에 양쪽이 자연스럽게 통합된다. 그럴 때 자유롭게 필요에 따라서 양쪽을 사용할 수 있는 은혜가 주어진다. 도와야 하고 구체적으로 구해 줘야 할 때와 스스로 하나님과 함께 갈 수 있도록 맡길 때를 분별할 수 있게 된다. 그 전까지는 영성지도를 좀 더 명료하게 이해하고 깊이 있게 실습하고 익히는 것이 우선이다.

V

영성지도자의 이야기

1 에고(ego) 끼리 줄다리기할 때

"피지도자의 반복적인 이야기를 듣고 있으면 제가 너무 답답해요. 자신의 이야기에서 뱅뱅 돌고 나오지 못하고 있는 것을 볼 때 피곤하더라고요. 이번에는 끝나고 나서 짜증이 났어요."

피지도자가 더 넓고 깊은 곳을 볼 수 있도록 여러 방법을 동원했는데도 계속 제자리에 머무는 것을 볼 때, 국진은 당황스러웠다.

"어떻게 이 문제를 잘 다룰 수 있을까요?"

그는 이런 물음을 갖고 수퍼비전에 왔다.

피지도자는 지방에서 학원 강사로 일하고 있다. 서울로 올라가서 다른 일을 하고 싶어하지만 아직 그 가능성이 열리지 않고 있다. 국진이 볼 때는 피지도자가 계속 거기에만 매여 있는 것 같아서 답답하다. 이번이 여섯 번째다. 처음에는 그가 하고자 하는 일을 응원했다. 그런데 그 일이 풀리지 않는다. 그럴수록 피지도자는 그 일에 더 집중한다. 이것 말고 다른 얘기를 할 수 있으면 좋겠다 싶어서 초대를 해도 다시 거기로 돌아간다.

"하나님은 그런 피지도자를 어떻게 보고 계실까요?"

"하나님도 저처럼 답답해하실 것 같아요. 자신이 아무것도 하지 않아도 하나님의 사랑스러운 자녀라는 것을 알면 좋겠는데, 그러지 못하는 모습이 안타까워요."

"만약 내가 하나님의 사랑스러운 아들이라는 소리를 먼저 들으면 어떻게 세션에 임하게 될까요? 다시 말해 내가 아무런 기대 없이 이 영성지도에 임했다면 어떻게 달라질까요?"

"제가 편안해질 것 같아요. 덜 초조해지고 좀 더 자연스럽게 될 것 같아요."

국진은 기대 없이 영성지도에 임했다고 생각했는데 사실은 그렇지 않았음을 깨닫는다.

"피지도자가 이런 말을 했어요. '제가 서울에 가서 일을 하게 되면, 저 자신도 회복되고 가족들도 성장할 기회가 더 많아질 것 같아요.' 그런데 그때는 그 말이 잘 안 들렸어요. 자신의 채워지지 않는 욕구를 말했는데도 말이에요."

그도 그럴 것이 국진에게는 피지도자가 일에 대한 이야기에서 그만 나왔으면 하는 기대가 강하게 있었다. 그래서 그가 자신의 욕구를 표현했는데도 잘 안 들린 것이다. 이것은 피지도자와 국진이 평행선을 그리고 있다는 것을 보여 준다. 피지도자도 자신이 원하는 방향으로만 가려고 하고, 국진도 자신이 안내하려고 하는 쪽으로만 가려고 하니 말이다.

내가 원하는 쪽이 아니라 피지도자가 가고 싶은 방향대로 가는 것이 영성지도에서의 동행이다. 이 동행은 내가 중요하다고 여기는 방향으로 피지도자를 데려오는 것이 아니라, 피지도자 속에서 이미 일하고 계시는 하나님을 신뢰하며 그분께 나를 내어 드리는 것이다.

'어떻게 그렇게 할 수 있을까?'
하나님 안에 깊이 머물 때 가능하다. 그럴 때 나의 기대를 내려놓을 수 있다. 그래서 나를 있는 그대로, 피지도자를 있는 그대로 받아들이게 될 때 가능하다. 그렇지 않으면, 피지도자가 내 의도대로 오지 않을 때 피지도자를 판단하게 된다. 이 상태에서는 피지도자에게 충분히 머물지 못한다. 국진은 자신이 피지도자와 동행을 했다고 생각했지만 실은 그렇지 못했음을 깨닫는다.

"그러면 영성지도에서 나의 기대 없이 반응하는 것이란 구체적으로 어떻게 하는 것일까요?"
내가 이렇게 묻자, 국진은 피지도자에게 혹시 원하던 일이 이루어지지 않는다면 뭐가 두려운지 물어보겠다고 한다. 그리고 피지도자가 자신을 볼 수 있도록 그가 한 말을 돌려주는 일을 더 해 보겠다고 한다. 또한 그 일이 하나님으로부터 온 것이 맞는지를 물어보겠다고 말한다. 그는 이제서야 피지도자의 입장에서 어떻게 그와 함께 머물러 줄 수 있는지 알아차린다.

영성지도자가 작은 에고 차원에서 피지도자에게 계속 뭔가 보게 하려고 할 때는 피지도자가 저항할 가능성이 있다. 서로의 에고끼리 긴장을 하고 줄다리기를 하는 셈이다. 내가 이쪽으로 가는 게 좋겠다고 하면, 피지도자는 아니라고, 저쪽으로 가야 한다고 한다. 그럴수록 나는 답답해지고 지친다. 끝나고 나면 힘이 빠진다. 결국 내가 주도적으로 하려고 했기 때문에, 하나님이 일하실 공간을 열어 드리지 못한 채 마무리를 하게 되는 것이다. 에고 차원에 머물 때 오는 한계이다.

그래서 나의 의도대로 몰아가려는 에고를 내려놓는 것이 중요하다. 나의 참자아에서 나오는 조건 없는 마음일 때만, 하나님이 직접 피지도자에게 일하실 수 있는 장을 열어 드리게 된다. 그때 피지도자 안에 있는 참자아가 나와서 스스로 자신의 방향을 찾아간다. 그럴 때만 하나님이 직접 피지도자의 마음을 만나고, 방향을 바꾸고, 구체적으로 안내를 하신다. 모든 것을 하나님이 하시고 나는 하나님이 하시도록 자리를 깔기만 한다. 그것은 에고가 아닌 참자아만 할 수 있다.

국진은 자신의 좋은 의도가 참자아가 아니라 에고에서 나왔다는 것을 깨닫게 된다. 그러자 피도자에게 미안한 마음이 올라온다. 좀 더 넓은 마음으로 피지도자를 받아들이고, 그가 가고자 하는 대로 함께하지 못했음을 알아차릴 때 울컥하고 눈물이 올라온다.
'아, 이러면서 제 안에서 사랑이 더 커지네요.'

피지도자를 위해서 더 기도해 주고 싶은 마음이 든다. 이렇게 수퍼비전 과정을 통해서 국진은 점점 더 하나님의 마음을 닮아 간다.

2 내면의 가장 큰 움직임과 함께하기

"작년부터 용기를 내서 창업을 준비하기 시작했습니다. 그러나 어느 순간부터 일이 뜻대로 되지 않아 스트레스를 많이 받고 있습니다. 그래서 마음이 힘들고 어려운데, 다른 한편으로는 직장에서 일할 때 경험하지 못한 기쁨을 느끼고 있습니다."

내가 만약 영성지도자로서 이 피지도자의 이야기를 들었다면 어떤 반응을 하겠는가? 물론 하나의 정답은 없다. 이 피지도자는 비록 자신의 일이 힘들어도 뭔가 모를 기쁨이 있다. 그것을 그대로 요약해 줘도 좋다.

"비록 힘들고 어려워도, 전과는 다른 기쁨이 있으시네요."

그러면 피지도자는 자연스럽게 주도권을 가지고 자신의 이야기를 더 나누게 된다. 또는 기쁨에 좀 더 집중을 해서 "언제, 어떻게 그런 기쁨을 누리는지 좀 더 얘기해 주시겠어요?" 하면서 그 기쁨의 순간들과 내용을 더 나누도록 해 줄 수 있다.

그러나 경준은 피지도자가 앞에서 바쁘게 살아간다고 했던 말이 생각나서 이렇게 반응했다.

"너무 무리하면 안 됩니다."

순간 '아차, 이렇게 알려 주는 것이 아닌데….' 하고 후회가 밀려왔다. 뭔가 피지도자에게 알려 주려고 하면 안 된다는 것을 알지만, 아직 몸으로 익혀지지 않은 상태이다.

"내가 아무런 의도 없이 이 피지도자와 함께한다면, 어떤 반응을 할까요?"

안전한 공간에서 새로운 뇌 회로를 만드는 연습을 해 본다. 나중에 자연스럽게 이런 상황에서도 나올 수 있도록 말이다.

"기쁨에 대해서 좀 더 얘기를 해 보라고 할 것 같아요."

그렇다. 지금 당장 일어나고 있는 성령님의 가장 큰 움직임에 초점을 맞춰 주는 것이다. 그렇게 기쁨에 대해서 나누다 보면 또 다른 측면이 나올 수도 있다. 기쁨 속에 있는 슬픔이 드러날 수도 있다. 그러면 또 그 슬픔에 함께 머물러 주면 된다.

경준은 피지도자의 바쁜 생활이 걱정되어서 자신이 의도한 방향으로 가려고 했다. '내 걱정'인 것이다. 그러나 지금 피지도자가 말하고 있는 기쁨에 깊이 머무는 것이 오히려 그 기쁨 밑에 있는 전체 감정을 파악하는 데 도움이 된다. 그럴 때 그 총체적인 깨달음 속에서 하나님께서 피지도자 자신에게 무엇을 원하시는지를 더 깊이 알 수 있게 된다.

나는 경준이 피지도자와 나눈 대화의 첫 부분으로 그를 데리고 가서 그에게 반응을 다시 해 보라고 초대한다. 피지도자가 이렇게 말했다.

"지난주에 꿈을 꾸었는데, 제가 무거운 짐을 지고 걷고 있었어요. 시간이 지날수록 짐은 더 무겁게 제 등을 내리눌렀고, 저는 그 짐을 내려놓지 못한 채 고개만 숙이고 있었어요."

경준이 대답한다.

"지금이라면 꿈에 대한 이야기를 더 해 보라고 하겠어요."

영성지도를 안내할 때 경준은 이 피지도자가 좀 더 천천히 가면서 자기가 지고 있는 짐을 내려놓기를 바라는 마음이 있었다. 계속 반복적으로 일에만 매달려 살아가는 모습이 안타까웠기 때문이다. 짐을 지고 있다는 것은 부정적인 의미이기 때문에 경준은 피지도자가 그것을 빨리 내려놓고 자유하기를 원했다. 그래서 피지도자의 이야기를 있는 그대로 들으면서 그 짐에 대해서 좀 더 탐색하는 것을 놓쳤던 것이다.

"그러면 피지도자 스스로 깨닫게 하려면 어떻게 하면 좋을까요?"

경준이 내게 묻는다.

나는 그냥 현존으로 함께 붙어 있어 주면 된다고 대답했다. 그럴 때 피지도자 스스로 눈의 비늘을 벗을 수 있다. 특히 어둠에 직면했을 때 그것을 피하지 않고 깊이 통과해야만 빛을 발견할 수 있다. 빛은 밖에 있다기보다는 어둠 속에 숨어 있기 때문이다. 광석을 캐듯 조심스럽게 머물러서 그 어둠 밑에 있는 보물을 발견하는 기쁨을 맛보도록 하는 작업이 필요하다.

예를 들어 구체적으로 이렇게 물어 줄 수도 있다.

"그 짐을 언제부터 지고 있었어요?", "그 짐 안에는 어떤 것이 들어 있나요?", "짐의 무게는요?", "잠시 그 짐이 무엇을 뜻하는지 한번 묵상해 보시겠어요?", "혹시 그 짐이 말을 한다면 나에게 하고 싶은 말이 있을까요?", "하나님께서 나를 보고 계시다면 어떻게 보실까요?", "하나님께서 그 짐을 지고 있는 나에게 말씀하신다면 뭐라고 하실까요?"

이런 질문들을 통해서 피지도자는 그 짐과 깊이 머물면서 다양하게 알아차리고 인식할 수 있게 된다. 그럴 때 자기 내면 깊숙한 곳에 묻혀 있던 동기들이 떠오를 수 있다. 더욱더 깊은 곳에 숨어 있는 자신의 진정한 갈망을 맛볼 수도 있다. 그리고 그 짐이 필요 없다면, 자기 자신과 하나님을 만나면서 자연스럽게 내려놓게 될 수도 있다.

경준은 아직도 규범적이고 추론적이며 지시적인 습성이 자신에게 남아 있음을 깨닫는다. 그의 성장 지점은 피지도자를 자꾸만 수렁에서 건져 내야 한다는 생각을 내려놓는 것이다. 피지도자가 충분히 어두움 자체에 머물면서 탐험하고 인식하도록 함께 있어 주는 것이다. 그래서 피지도자 스스로 진리와 빛을 발견하고 나올 수 있도록 말이다.

"피지도자가 좀 더 경험적으로 내면의 진리를 스스로 찾아갈 수 있도록 내어 주는 것이 필요하네요."

그의 마음에서 나오는 알아차림이다.

3 '내 안에 무엇이 있을까?' 알아차리기

"피지도자가 계속 뻔한 답이 보이는 말을 반복적으로 하고 있을 때 어떻게 도울 수 있을까요?"

이것은 사실 영성지도자들이 많이 하는 질문 중에 하나이다. 피지도자가 조급해하는 것이 보일 때, 인생을 좀 더 산 사람으로서 인생은 그렇게 급하게 가는 것이 아니라고 조언을 해 주고 싶은 마음이 생겨난다.

선영은 자신이 겪었던 시행착오를 피지도자가 겪지 않았으면 하는 마음에서 해결책을 주고 싶어한다.

'이런 마음이 어디에서 왔지?'

선영이 수퍼비전에 가져온 초점 질문이다.

선영은 사 남매 중 막내로 아홉 살 차이 나는 오빠와 네 살, 두 살 차이 나는 언니들과 함께 자랐다. 어렸을 때부터 자신이 뭔가 하려고 하면 가족들의 제재를 받았다. 가족들의 입장에서는 성이 차지 않으니 시행착오를 하지 않기 위해서 계속 수정을 해 준 것이다. 선영이 성장해서 다른 사람을 돌보게 될 때 자신이 가족들로부터 받았던 이런 성향이 나왔다. 상대가 싫다고 해도 그것이 안 들린다. '이것이 훨씬 좋기 때문에 경험하고 나면 괜찮을 거야.' 하면서 자신의 뜻대로 밀어붙인다. 자신에 대한 중요한 발견이다. 상대의 의지나 준비된 마음과 상관없이 도와주고 싶고 챙겨 주고 싶어하는 마음 말이다.

영성지도나 수퍼비전에서 이런 자각(awareness)이 생기는 것이 중요하다. 다행히 선영은 이런 시간을 통해서 자신을 보기 시작했다. 그런데 자신의 생각대로 금방 바뀌지 않는 것이 힘들다. 그렇다. 연약함을 깨달아도 쉽게 고쳐지지 않는다. 자신의 아킬레스건에 해당되는 것이기 때문이다. 그래서 깨어 있지 않으면 언제든 돕고 싶은 마음이 튀어나와 해답을 찾아 주려고 한다.

"이것을 가지고 하나님께 기도한다면 어떻게 말씀 드리겠어요?"라고 물어보자 선영은 이렇게 기도한다.
"하나님, 저 힘들어요. 저는 개입도 안 하고, 판단도 안 하고, 있는 그대로 그냥 들어 주고 싶어요. 그런데 뭔가 답을 주고 싶은 마음이 계속 올라와서 힘들어요. 도와주세요."
하나님의 응답을 들을 수 있도록 한 번 더 침묵으로 초대하자 선영은 하나님께서는 "잘 가고 있다."라고 얘기하실 것 같다고 말한다.

일단 알아차리기를 시작했으니까 의식적으로 알아차리는 과정을 계속 하기만 하면 된다. 그 생각을 하니 선영은 좀 마음이 놓인다. 이런 알아차림은 하나님께 마음을 열 때 일어난다. 내가 뭔가 잘해야 한다는 마음보다는 하나님 안에 머물러서 그분이 나를 이끄시도록 내어 드릴 때 더 잘 주어진다. 선영은 하나님 안에서 더 잘 깨어 있고 싶은 마음이 생긴다. 그러니 좀 더 편안해진다. 중심을 자신에게서 하나님께로 돌리라는 그분의 초대로 들리기 때문이다.

사실 피지도자의 마음과 생각과 의지가 하나님께로 초점이 옮겨가도록 돕는 것이 영성지도이다. 선영은 지금 그런 영성지도를 자신이 직접 경험하고 있다. 영성지도의 본질을 깨닫는 것이다.
'그래, 이것이구나!'
영성지도의 경험이 상대적으로 부족했던 선영은 이런 중심 이동, 관점의 변화가 일어나는 것이 신기하기만 하다. 이것이 바로 회개의 경험, 즉 방향 전환의 경험이다. 이것은 내 노력으로 된다기보다는 내가 하나님 안에 머물 때 값없이 주어진다. 나는 하나님께 마음을 열기만 하면 된다. 그때 하나님께서 하신다. 수퍼비전을 통해서 선영은 이것이 하나님을 만나는 경험이라는 것을 몸과 마음으로 체험했다.

그리고 일상에서도 하나님 앞에서 계속 깨어 있는 시간을 갖는 것이 중요함을 깨닫는다. 그럴 때 자신 안에 계시는 하나님께 마음의 문을 열게 되고, 마음의 중심이 자신에게서 하나님께로 옮겨지기 때문이다. 그럴 때 피지도자가 계속 뻔한 답이 보이는 말을 반복하더라도 충고해 주고 싶은 마음을 내려놓고 함께할 수 있다. '어떻게' 도울 수 있을까?

이 물음으로는 할 수 없는 일이 일어난다. 내 안에 '무엇이' 있을까? 이 물음을 통한 알아차림으로만 내가 변화하기 때문이다.

4 '내 사랑하는 자'라는 정체성으로 함께하기

앤디(Andy)의 피지도자는 말을 많이 한다. 그래서 피지도자가 말을 하는 도중 어느 지점에서 적당하게 끊고 들어가야 하는지 아니면 그냥 계속 놓아두어야 하는지, 앤디는 판단이 서지 않는다. 그냥 듣고만 있는 자신에 대해서 무능하다는 생각이 든다. 이 목소리는 다른 많은 영역에서도 올라온다. 물론 이 목소리 덕분에 그는 많은 일들을 성공적으로 잘해 왔다. 이 내면의 비판자가 자신이 개선해야 하는 부분에 대해서 말하는 것은 괜찮다. 하지만 자신의 정체성에 대해서까지 규정짓는 것이 문제이다.

"너는 충분하지 않아! 너는 무능해!"

"그러면 나에 대한 하나님의 목소리는 무엇인가요?"
이렇게 물었을 때 앤디가 대답한다.
"너는 내 사랑하는 자요, 내가 기뻐하는 자다."
예수님께서 세례를 받고 나오실 때 하나님으로부터 들었던 소리와 같은 소리이다. 예수님은 십자가에서 죽으셨기 때문에 하나님의 사랑받는 아들이 된 것이 아니다. 사역을 시작하기 전부터 이런 정체성을 가지고 있었다. 나 또한 마찬가지이다. 내가 무엇을 하든, 그 일로 어떤 결과가 나오든 상관이 없다. 왜냐하면 나는 하나님 안에서 지어진 사랑받는 존재이기 때문이다. 자신의 정체성에 대한 이 소리를 앤디 스스로 내면화하는 것이 중요하다. 수퍼바이저로서 내가 할 수 있는 일은 이렇게 공간을 제공해 주는 것뿐이다. 그 속에서 앤디의 하나님께서 직접 그에게 말씀하시도록 하는 것이다. 그래서 나는 그를 침묵으로 초대해서 하나님과 시간을 갖도록 해 주었다.

깊은 침묵을 가진 후에 앤디는 이렇게 선포한다.
"너는 하나님의 사랑받는 아들이다. 삶은 성과를 내기 위한 것이 아니다. 자유롭고 즐겁게 살기 위한 것이다. 너는 영성지도를 잘못 인도한 것이 아니다. 네 안에서 일하시는 성령님을 신뢰해라. 네가 해야 할 일은 사랑을 위한 공간을 만드는 것이다."
자신의 존재 깊은 근원에서부터 나오는 이 진리를 듣고 고백할 때, 앤디의 얼굴이 밝아지고 몸에 에너지가 올라온다. 모든 걱정과 근심과 판단의 소리는 여기에 끼어들 여지가 없다.

"그러면 이 마음으로 다시 영성지도로 돌아가 볼까요? 만약 다른 내부 비판의 소리가 올라오면 어떻게 하겠어요?"
"피지도자와 나의 대화 속에 하나님이 거하시는 공간이 있어요. 거기에서 엄청난 기쁨을 볼 수 있습니다. 이 거룩한 공간에는 내부 비판의 소리가 끼어들 수 없네요."

앤디는 이렇게 대답하며 신기해한다.

내부 비판의 목소리가 끼어드는 순간은 자신이 하나님의 공간에 있지 않을 때, 하나님과의 연결 고리가 끊어질 때이다. 영성지도를 하는 중에 하나님의 소리와 비판의 소리가 왔다 갔다 하는 비율이 많을 때가 있다. 그때는 내가 하나님 안에 머무는 힘이 약할 때이다. 그러나 내가 하나님 안에 깊이 머물러 있을 때는 비판의 소리가 끼어들 여지가 없다. 그 소리가 떠올랐다 해도, 그것을 잠시 내려놓을 수 있는 내면의 힘과 여유가 생기게 된다.

그래서 기도와 관상이 없이는 영성지도를 온전히 할 수 없다. 헨리 나우웬은 『삶의 영성』에서 이렇게 말했다.
"기도란 '내 사랑하는 자'라는 음성을 내 존재의 중심으로 듣고 내 삶 전체에 스며들게 하는 것이다."
내 존재의 중심 깊은 곳에서 늘 이 음성을 듣고 삶 속에서 구체적으로 살아내는 것이 중요하다. 그렇지 않으면 언제든지 또 다른 목소리가 나의 삶을 지배하기 때문이다. 이 소리가 영성지도를 안내할 때도 자연스럽게 몸에 배어 있도록 자신의 존재를 준비하는 것이 중요하다. 앤디는 이것을 경험하고 나서 새로운 기대로 마음이 부풀었다.

영성지도는 기술이 아니다. 깊은 기도에서 나오는 '내 사랑하는 자', '하나님의 새로운 형상'이라는 정체성으로 함께하는 것이다. 그럴 때 하나님께서 일하실 공간을 마련하게 된다. 이 공간에는 다른 정죄의 목소리가 끼어들지 못한다. 그래서 기가 죽지도 않고 잘 보이려고도 하지 않는다. 불필요한 반응도 하지 않는다. 그저 기쁨으로 하나님의 일하심을 보고 즐긴다. 그래서 영성지도는 나의 깊은 정체성에서 우러 나오는 예술이다.

5 두려움에서 해방이 되는 만큼

"저는 제 말이 존중되기를 원해요. 사람들이 제가 힘들다고 하면, 그냥 '힘들구나.' 하고 들어 주면 좋겠어요."

피지도자 현정의 말에 세린은 긴장이 되면서 덜컥 걱정이 된다.

'어? 이거 나에게 하는 얘기인가? 내가 좀 더 현정의 말에 머물러 주었어야 했나?'

세린은 어떤 사람이 불만을 표할 때, 그것이 자신과 관련된 부분이라고 생각하면 그 불만을 자신에 대한 비난으로 받는 경향이 있다. 이 세션에서도 '내가 뭘 잘못했나? 방향이 잘못되었나?' 하는 생각들이 먼저 들어서 얼굴이 화끈거렸다.

"영성지도자로서 실수를 할 수도 있지요. 세린 님은 실수를 하거나 잘못을 하면 어떠세요?"

세린은 갑자기 눈시울을 붉힌다.

'그래, 나도 실수할 수 있는데….'

내가 실수해도 상대가 받아들여 주고 용서해 주었으면 좋겠다는 갈

망의 눈물이다. 사람들이 있는 그대로의 나를 안아 주면 좋겠다는 바람이다.

"지금까지 살면서 혹시 실수를 했을 때 호된 비난을 받았던 경험이 있으세요?"

긴 침묵 속에서 떠오르는 기억이 있다. 영성지도자로서 훈련을 받기 시작할 때 잘못할 때마다 혼났던 기억이다. 세린의 남편 또한 영성지도자이다. 그는 피지도자로서 세린이 잘못할 때마다 지적을 했다.

"그렇게 하면 안 되지…. 다시 이렇게 한번 물어봐. 아니 거기서 그런 반응이 나오면 어떻게 해?"

세린은 그런 지적을 받을 때마다 점점 더 자신감을 잃었다. 초보자로서 영성지도를 배우기보다는 더 기가 죽었다.

물론 지금은 남편이 피드백도 훨씬 잘 주고 격려하면서 가고 있다. 하지만 아직도 마음 깊은 곳에는 두려움이 남아 있다. 그래서 이런 상황이 되면 덜컹하고 마음이 내려앉는다.

세린이 안내한 영성지도 끝 부분에서 피지도자 현정은 자신이 하나님께 솔직하지 못한 이유를 알아차리게 되었다. 세린은 현정을 침묵으로 안내했다. 그 속에서 한 이미지가 떠올랐다. 왕의 식탁에서 마음껏 먹고 마시는 왕의 자녀로서의 자기 모습이다. 이를 통해서 현정은 하나님께서 자신과의 관계를 회복시키실 것에 대한 기대와 소망을 갖게 되었다. 하나님께서 주신 마음이다. 세린은 자신의 연약함과 실수를 덮으시고 놀랍게 일하시는 하나님을 목격했다.

"지금 하나님께서 뭐라고 하시는지 들어 보시겠어요?"

내가 묻자 세린이 이렇게 대답한다.

"하나님은 기쁘시대요."

세린은 영성지도자 훈련을 받은 후에 삼사 년을 쉬었다. 자신 없이 헤매다가 이 사역에 다시 돌아왔다. 그런데 하나님께서는 자신감도 부족하고 상처받기 쉬운 자신의 헌신을 기쁘게 받으신다.

"제가 잘못할까 봐 두려웠어요. 그런데 어떻게 할지 모르고 난감하면, 축구할 때 잘하는 선수에게 공을 보내는 것처럼 하나님께 패스하면 돼요. 하하하."

축구를 잘하시는 하나님이 언제든지 패스를 받아서 해결하신다는 이미지가 세린에게 있다.

"이번에 영성지도 하면서 굉장히 난감할 때, 사실 저는 하나님께 패스한다는 의미로 현정에게 하나님께 들어 보라고 했거든요. 결국 하나님께서 일하셔서 이런 결말이 난 것 같아요."

하나님께서 이번에 다시 세린에게 말씀하신다.

"기쁘다. 용기 내 줘서. 어려울 때마다 언제나 나에게 패스해라."

긴장되고 걱정되었던 영성지도 경험을 하나님께 가지고 왔을 때, 세린은 하나님을 새롭게 만났다. 언제나 패스할 수 있는 하나님이다. 그 하나님을 신뢰하면서 겸손하게 임하면 된다. 그러자 몸과 마음이 개운해진다. 새로운 삶에 대한 마음이 열린다. 실수를 하지 않으려고 아무것도 안 하는 것이 아니라 더 멋지게 실수를 하는 삶에 대해서 말이다.

이렇게 세린은 두려움에서 자유롭게 된다. 이때 피지도자에게 줄 수 있는 최고의 선물이 주어진다. 그것은 자신의 자유로운 현존(presence)이다. 그 현존이 피지도자가 자신을 만나고 하나님을 만나서 마음껏 모험하는 삶을 살 수 있게 하는 공간을 만들어 주기 때문이다.

나는 마리안 윌리엄슨(Marianne Williamson)의 말을 전하며 축하를 해 준다.
"우리 자신의 두려움에서 해방이 되는 만큼, 우리의 현존은 자동적으로 다른 사람들을 해방시킨다."

6 마무리하며

수퍼비전을 할 때 나는 그 어느 때보다도 살아 있는 느낌이 든다. 영성지도보다 더 깊은 영성지도를 하는 기분이 들기 때문이다. 수퍼비전을 통해서 영성지도자들이 자신이 겪는 어려움의 핵심을 깨닫는 것을 볼 때 그리고 자신에 대한 정체성을 하나님 안에서 온전히 찾아 가는 것을 볼 때, 그 기쁨은 이루 말할 수 없다. 그런 경험을 통해서 그들의 현존이 깊어지고 피지도자들의 이야기를 잘 들을 수 있는 내면의 공간도 커져 가는 모습을 볼 때 더없이 보람을 느낀다.

나는 수퍼비전을 이렇게 정의한다.
"**수퍼비전**은 영성지도자가 자기 인식과 내적 자유에서 온전해지는 과정을 통해 더욱더 자신이 될 수 있도록 또 피지도자와 더 온전히 현존할 수 있도록 관상적 경청을 통해서 반응하는 것이다."

이런 수퍼비전 경험은 영성지도자 훈련을 받는 과정에서 하게 된다. 물론 훈련을 마친 후에도 다른 성숙한 영성지도자 또는 수퍼바이저와 개인 혹은 그룹으로 진행하기도 한다. 영성지도자로서 성장을 이어 나가는 비결 중에 하나는 이런 수퍼비전의 관계를 지속하는 것이다. 그럴 때 영성지도를 주는 것이 지치고 힘든 일이 아니라 피지도자와 함께 자신도 더 성장해 나가는 사역이 된다.

수퍼비전을 통해 계속 나를 돌아보면서 관상적 경청의 본질로 되돌아올 때, 나는 더욱더 자유롭게 된다. 더욱더 하나님 안에서 깨어 있게 된다. 하나님과 더 깊이 동행하는 사역이 펼쳐진다. 그래서 나는 수퍼비전을 받는 것이 영성지도자로서 성장해 나가는 가장 보람 있고 중요한 과정 중에 하나라고 생각한다.

에필로그

"여기에 나와 있는 이야기들을 보면 나와는 너무나 거리가 먼 것 같아서 용기가 안 나요."
"나도 관상적 경청을 잘하고 싶기는 한데 과연 잘할 수 있을까요?"
어떤 분들은 이 책을 읽고 이런 반응을 할 수도 있을 것이다.

미국에 오자마자 영성지도자 훈련을 받을 때가 떠오른다. 영어로 훈련을 받는 거라 잘 들리지 않았다. 반응을 제대로 한다는 것은 더더욱 어려웠다. 훈련을 받는 내내 나의 목표는 '살아남는 것'이었다.
'아무리 힘들어도 도망가지 말자. 중간에 포기하지 말자. 끝까지 마치도록 하자.'
다행히 함께하던 동료들의 지지와 격려 속에서 끝까지 마칠 수 있었다.

나는 오랫동안 간사와 목회자로서 사역하면서 성도들에게 도움을 주는 일에 길들여져 있었다. 양육을 하고 리더십을 세우는 일을 하면서 때때로 그들의 마음에 상처를 주기도 했다. 물론 나는 그들을 돕고자 하는 좋은 의도를 가지고 했다. 그러나 내가 그들의 마음을 있는 그대로 수용해 주지 못하고 함께해 주지 못해서, 조용히 공동체를 떠나는 사람들도 있었다. 그들이 미숙해서 나의 조언과 충고를 못 받아들이는 것이라고 나를 합리화했다. 나중에서야 그것이 나의 한계이자 책임임을 깨닫게 되었다. 그리고 영성지도에서 관상적 경청을 배우고 적용하면서 그 한계를 조금씩 극복해 가기 시작했다.

하지만 관상적 경청을 배우고 실천하면서 안내하는 중에도 여전히 나는 한계를 경험한다. 한번은 그룹 영성지도와 개인 영성지도를 마치면서 이런 피드백을 받았다.
"그는 내가 스스로 말을 하면서 풀어 가도록 나에게 공간을 내어 주지 않고, 자신이 직접 뭔가 도우려고 했다."
그것을 보고 나는 충격을 받았다. 나는 그 사람을 도우려고 한 적이 없다고, 그냥 듣기만 했을 뿐이라고 변명하고 싶었다. 이것을 가지고 나의 수퍼바이저와 함께 나눌 때, 비로소 내 안에 새로운 깨달음이 올라왔다. 여전히 상대를 돕고자 하는 마음이 내 안에 있다는 것을 말이다. 그냥 증인으로서 알아차린 것들을 돌려주는 것으로 만족하지 못하고, 나에게서 뭔가 얻어 가기 원하는 마음이 깊숙이 자리 잡고 있음을 알게 되었다.

어떤 피지도자들은 갑자기 영성지도를 그만두기도 했다. 내가 뭔가 잘못한 것이 있어서, 나에 대해 실망해서 그만두는 것으로 생각되어 힘들었다. 영성지도의 만남이 시작되고 마무리되는 것 또한 하나님께서 주관하신다는 사실을 받아들이는 훈련이 필요했다.

사실 이런 다양한 두려움과 실수, 그리고 실패의 경험들이 있었기 때문에 지금의 내가 있을 수 있었다. 물론 지금도 여전히 실수를 하고 그 과정을 통해서 성장을 반복해 나가고 있다. 아마도 평생에 걸쳐 배우면서 가야 할 것이다. 하지만 내 안에 있는 다양한 두려움에도 불구하고 계속 이 길을 갈 때만 배우고 성장할 수 있다는 것을 알았다. 나는 자격이 안 된다는 생각이 들 때도, 꾸준히 인내하는 마음으로 가는 수밖에 없다는 것을 알았다. 이 길은 그런 두려움과 함께 가는 길이기 때문이다. 그런 자기 정죄와 의심의 마음과 함께 가는 길이기 때문이다. 그렇게 가다 보면 조금씩 그런 나를 통해서 하나님께서 일하시는 것을 경험하게 된다. 나는 할 수 없지만, 나를 통해서 하나님께서 하시는 놀라운 일들을 보면서 감동하고 감사하게 된다. 그렇게 주도권이 나에게서 점점 하나님께로 옮겨져 갈 때 나의 자유도 점점 더 커져 간다.

이 과정에서 가장 큰 도움을 받았던 것은 하나님 앞에 나아와 앉아 있는 것이다. 나는 하나님 안에서 안식을 했다. 내 안에 함께하시고 일하고 계시는 하나님께 나를 온전히 내어놓는 시간을 가졌다. 그럴 때 주어지는 평안이 있다. 좀 더 커지는 마음의 공간이 있다. 조금씩 하나님 안에 있는 참자아의 모습을 만나게 된다. 그럴 때 올라오는 용기가 있다. 새로운 에너지가 있다. 그 에너지와 연결될 때, 내가 아니라 내 안에서 함께하시는 하나님께서 나를 이끌어 가신다는 것을 경험한다. 일상의 작은 일들과 관계들을 통해서 일하시는 하나님의 모습을 좀 더 잘 볼 수 있는 은혜가 주어진다. 다른 사람의 이야기를 통해서 들려 주시는 하나님의 이야기가 더 온전하게 들린다. 그럴 때 상대는 자신의 이야기를 하면서 스스로 하나님을 만난다. 그러면서 자연스럽게 그 상대와 내가 하나가 되고, 함께 하나님의 소리를 듣고, 하나님께 향하게 된다. 그럴 때 주어지는 기쁨과 영광이 있다.

지금도 나는 하나님의 현존과 일하심이 없다면 나의 하는 모든 영성 지도와 수퍼비전에서의 관상적 경청은 아무것도 아니라는 것을 마음 깊은 곳에서부터 고백할 수 있다.

이 관상적 경청을 통해 듣는 마음을 개발하기 원하는 독자들에게 하고 싶은 말이 있다. 바로 '용기를 내라.'는 것이다. 이 시로 나의 마음을 대신하고자 한다.

용기를 내십시오, 여러분!

'내가 자격이 되나?'
'이 길이 나에게 맞는 길인가?'
이런 의문이 들 것입니다.

'남들이 나를 거절하면 어쩌나?'
그런 두려움이 들 것입니다.

'내가 끝까지 이것을 배우고 해낼 수 있을까?'
그렇게 자신에 대한 믿음이 없을 수 있습니다.

그러나 용기를 내십시오, 여러분!
여러분의 작은 자아에서 나오는 소리 때문에
이 길을 멈추지 마십시오.

이 길을 가는 것이 아무리 험난하고,
끝이 보이지 않는 것 같아도
여러분 마음 깊은 곳에서 함께하시는
하나님의 소리를 들을 때
용기를 내서 어떤 어려움이라도 뚫고 나갈 수 있습니다.

이 어려움을 피하면서 살아갈 때
여러분의 삶은 오히려 재미가 없을 것입니다.
대신 이 두려움과 의심을 직면하고 용기를 내서 나아갈 때
여러분의 삶은 생기로 넘칠 것입니다.

그러니 용기를 내십시오, 여러분.

지금 함께하시는 하나님께 여러분 자신을 내어 드리면서
한 발씩 나아갈 때

끝까지 포기하지 않고 견딜 때
하나님께서는 여러분의 듣는 마음을 통해서
여러분들과 함께하는 사람들에게
놀라운 해방의 열매를 맺게 하실 것입니다.

감사의 글

 이 책을 쓰기까지 많은 분들의 도움이 있었다. 샌프란시스코 신학대학원의 영성지도자 과정에서 함께 일했던 강사들과 스태프들의 격려와 지지가 없었다면 오늘의 내가 없었을 것이다. 처음에 나를 이 프로그램의 스태프로 초대해 준 엘리자베스 리버트, 집에서 학교를 오가면서 차 안에서 나의 모든 고민을 들어 주고 안내해 주었던 마리 파파스, 함께 일하면서 많은 도움을 주고받았던 수잔 필립스, 다이애나 체페츠, 탐 글렌, 짐 피터슨, 스캇 퀸, 엘렌 랭킨, 아니다 아데산야, 나이샤 웡, 그리고 현재 이 과정의 디렉터로서 강의와 수퍼비전을 맡아서 섬길 수 있도록 해 준 웬디 팔리에게 깊은 감사의 말씀을 전한다.

 또한 처음으로 나에게 영성지도가 무엇인지 맛보게 해 주었던 게리 슈미트, 힘들고 어려울 때 묵묵히 나와 동행을 해 주었던 팀 무니, 짐 닢시, 그리고 내가 마음껏 나 자신이 되도록 깊은 현존을 제공해 주며 나와 동행해 준 샌드라 로마슨에게도 진심으로 감사드린다. 그들은 내가 힘들고 어려울 때든 좋고 감사할 때든 늘 무조건적으로 함께하면서 나의 참자아와 하나님께 나아가도록 지지해 주었고, 그 사랑은 그 어떤 것과도 비교할 수 없는 큰 축복이었다. 또한 나에게 수퍼비전을 안내하고 지도해 준 마리아 보웬과 레베카 랭거에게도 감사의 뜻을 전한다.

한국 영성상담센터 에이레네에서 강의와 수퍼비전을 할 수 있도록 기회를 주신 박신향 원장님과 함께했던 공동체원들, 나들목교회 네크워크에서 관상적 경청 훈련과 그룹영성지도 및 다양한 관상적 훈련을 안내할 수 있도록 장을 마련해 주신 김형국 목사님과 신소영 사모님, 그리고 함께했던 교회 지도력들에게 마음 깊이 감사를 드린다. 한국샬렘영성훈련원에서 관상적 경청을 안내할 수 있도록 나를 신뢰해 주고 기회를 주신 김홍일 신부님에게도 고마운 마음을 전한다.

또한 지금도 나와 동행하고 있는 나의 수퍼바이지들과 피지도자들, 기꺼이 본인의 사례를 사용할 수 있도록 허락해 준 많은 분들에게도 감사의 마음을 전한다. 이분들이 없었다면 이런 귀한 사례들이 나올 수 없었을 것이다. 물론 이 책에서는 가명을 사용했으며 상황도 약간 바꾸어 전달했다. 그리고 소중한 시간을 내어 이 책에 대한 리뷰를 작성하고 추천해 주신 이강학 교수님, 박신향 원장님, 권희순 목사님께 진심으로 감사드린다. 이분들의 도움과 지지와 동행 덕분에 이 책이 더욱더 온전해질 수 있었다. 마지막으로 이 책을 쓸 수 있도록 계속 동행하면서 지지와 격려와 안내를 아끼지 않은 한명석 선생님과 나의 글을 읽고 기꺼이 피드백과 수정을 해 준 권혁일 목사님과 아내 민소란에게도 감사와 사랑을 전한다.

부록

영성지도 주요 참고 도서

- 데이비드 배너, 노종문 역,『거룩한 사귐에 눈뜨다: 일상에서 나누는 영적 우정과 영성지도』, IVP.
- 로즈마리 도어티, 이만홍 역,『그룹 영성지도』, 로뎀.
- 마가렛 권터, 신선명 역,『거룩한 경청』, 아침영성지도연구원.
- 메리 로즈 범퍼스 편집, 이강학 역.『영성지도자들을 위한 수퍼비전』, 좋은씨앗.
- 수잔 버클리, 권희순 역,『영적 지도와 영적 여정』, 은성.
- 수잔 S. 필립스, 최상미 역.『촛불: 영성지도를 조명하는 빛』, SoHP.
- 앨리스 프라일링, 최효은 역,『소그룹 영성훈련』, IVP.
- 엘리자베스 리버트, 이강학 역.『영적 분별의 길 - 하나님과 함께 믿음의 결정 내리기』, 좋은씨앗.
- 엘리자베스 리버트, 최상미 역.『영성지도와 성인발달론』, SoHP.
- 자네트 A. 바트, 최승기 역,『거룩한 초대』, 은성.
- 제럴드 메이. 노종문 역.『영성지도와 상담』, IVP.
- 케레스 리치, 신성명, 신현복 공역.『영혼의 친구』, 아침영성지도연구원.
- 틸든 에드워즈, 이만홍 역.『영혼을 돌보는 영성지도』, 로뎀.

국내외 개신교 영성지도 관련 기관

- 디바인 영성아카데미(cafe.daum.net/divine.ics)
- 영성상담센터 에이레네(cafe.naver.com/eirenecenter)
- 한국샬렘영성훈련원(cafe.daum.net/shalemkorea)
- 호신 컴패션 영성연구소(cafe.daum.net/compassion2012)
- 햇불트리니티 기독교영성아카데미(cec.ttgu.ac.kr)
- SoH 영성심리연구소(cafe.naver.com/caferodem)
- Center Quest Asia School of Spiritual Direction(https://www.cqasia-ssd.com/)
- Columbia Theological Seminary Spiritual Direction Program(https://www.ctsnet.edu/spiritual-direction-sacredness-presence-and-listening/)
- San Francisco Theological Seminary/ University of Redlands Diploma in the Art of Spiritual Direction(D.A.S.D.)/Certificate in Spiritual Direction and Formation(C.S.D.F.)(https://www.redlands.edu/study/schools-and-centers/gst/academics/certificates-and-diplomas/program-in-christian-spirituality/)
- Spiritual Directors International(https://www.sdicompanions.org/)

관상적 경청 과정

관상적 경청 과정에는 발표하는 사람이 있고 경청하는 그룹원들이 있습니다. 양쪽 모두 그 과정에서 구체적으로 해야 할 일이 있습니다.

❶ 발표하는 사람

가. 발표하기 전에 경험 되돌아보고 적기
  1. 잠깐이라도 당신의 마음을 끌었던 하나의 경험에 주의를 기울이십시오. 그 경험을 충분히 되살리기 위해 오감을 사용해서 특정 상황으로 들어가 볼 수도 있습니다.
  2. 그 경험을 묘사하는 글을 한 문단으로 적어 봅니다. 기억나는 만큼 자세하고 구체적으로 적습니다.

나. 그룹에서 경험 나누기
  1. 당신의 경험을 기록한 글을 천천히 두 번 읽으십시오.
  2. 그룹원들이 반응하면 관상적으로 경청하십시오.
  3. 그들의 반응에 응답하면서 원하는 만큼 당신의 이야기에 더 깊이 들어가십시오.
  4. 그룹원들의 다음 반응을 듣고 원하는 만큼 대화를 이어 가십시오.

| 참고 |
1. 그룹원들의 반응 속도가 빠르다고 생각되면 언제든지 천천히 반응해 달라고 얘기하십시오.
2. 당신이 원하는 만큼 과정이 진행되었거나 마무리된 것 같으면 언제든지 그룹에 알리십시오.

다. 과정 돌아보기

모든 과정이 끝나면 잠시 생각할 시간을 가진 후에, 그룹원들의 반응이 당신에게 어떠했는지 나누십시오.

❷ 경청하는 사람

가. 발표하는 사람의 이야기를 관상적으로 경청하기
1. 발표하는 사람과 그 사람의 경험에 대해 알아차린 것에 주의를 기울이십시오.
2. 당신 내면에서 생각과 느낌과 감각과 욕망이 일어날 때 그것을 알아차리고 그 움직임에 주의를 기울이십시오.
   a. 당신의 내적 경험이 당신에게 뭐라고 하는지 들어 보십시오. 그 경험이 발표하는 사람과 관련이 있습니까? 지금 이 순간 그 경험이 발표하는 사람에게 도움이 될까요?
   b. 당신의 관심이 발표하는 사람으로부터 멀어지면 다시 그 사람에게 주의를 기울이십시오.

나. 멈추어 생각해 보기

발표하는 사람의 이야기 속에서 그의 경험을 확장하거나 깊게 하는 데 도움이 될 만한 뭔가를 알아차렸는지 생각해 보십시오.

다. 발표하는 사람의 경험이 확장되도록 질문이 아닌 다른 방식으로 반응하기

  1. 알아차림: 제가 알아차린 것은 _____입니다/제가 _____을 들었습니다/_____라는 말이 인상적이었습니다.

  2. 경험: _____에 대해 말할 때 저는 _____느낌이 들었습니다/_____라고 말하는 것을 들었을 때 _____의 이미지가 떠올랐습니다.

라. 발표하는 사람의 반응에 귀 기울이기. 당신 자신과 다른 그룹원들의 반응도 경청하기

  1. 발표하는 사람에게 계속 주의를 기울이십시오. 그 사람이 그룹원들의 반응에 응답할 때 그의 이야기가 어떻게 깊어져 가는지 알아차리십시오.

  2. 발표하는 사람과 관련된 당신 자신의 내적 경험을 계속 알아차리십시오.

  3. 전체 그룹원들의 반응도 놓치지 않도록 주의를 기울이십시오.

    a. 발표하는 사람에 대한 그룹원들의 반응과 그 둘 사이의 상호작용.

b. 그룹원들의 반응을 들을 때 당신 안에서 일어나는 움직임.

마. 발표하는 사람의 이야기 따라가기

발표하는 사람이 현재 표현하고 있는 것에 반응하면서 계속 그와 함께 움직이십시오.

바. 과정 돌아보기

발표하는 사람이 모든 이야기를 마치고 잠시 그 과정에서 일어난 일을 돌아볼 시간을 가진 다음, 그룹 전체가 과정에 대해 얘기합니다. 이 때는 발표하는 사람의 경험이 아니라 진행 과정에서 일어난 일에 대해 나눕니다.

1. 발표하는 사람의 이야기를 듣는 동안 당신 자신 또는 과정에 대해 알아차리게 된 것.
2. 당신의 내적 경험에 주의를 기울일 때 당신 자신에 대해 알아차리게 된 것.
3. 그룹의 역동에 함께하면서 당신 자신이나 그룹에 대해 알아차리게 된 것.

- 엘리자베스 리버트가 만든 '관상적 경청 모델'을 수정 번역함. 2022년 3월. Diploma in the Art of Spiritual Direction Program at San Francisco Theological Seminary.

듣는 마음

ⓒ 이대섭, 2023

초판 1쇄 발행 2023년 8월 25일
    2쇄 발행 2023년 9월 18일

지은이	이대섭
펴낸이	이기봉
편집	좋은땅 편집팀
펴낸곳	도서출판 좋은땅
주소	서울특별시 마포구 양화로12길 26 지월드빌딩 (서교동 395-7)
전화	02)374-8616~7
팩스	02)374-8614
이메일	gworldbook@naver.com
홈페이지	www.g-world.co.kr

ISBN 979-11-388-2233-6 (03230)

- 가격은 뒤표지에 있습니다.
- 이 책은 저작권법에 의하여 보호를 받는 저작물이므로 무단 전재와 복제를 금합니다.
- 파본은 구입하신 서점에서 교환해 드립니다.